CHRISTOPH SONNTAG

HAMMER UND SPACHTEL

⚒

KLEINE HEIMWERKERFIBEL

BLEICHER VERLAG

Abbildungsnachweis
Umschlagfoto: Ingo Weig, Stuttgart
Fotos im Innenteil: Stephan Biwald, Koblenz
Karrikatur: Luff alias Rolf Henn, Hennweiler

Die Deutsche Bibliothek – CIP-Einheitsaufnahme

Sonntag, Christoph:
Hammer und Spachtel : kleine Heimwerkerfibel /
Christoph Sonntag. – 2., verb. Aufl. –
Gerlingen : Bleicher, 1997
ISBN 3-88350-112-3

© Bleicher Verlag 1995
2. Auflage 1997
Alle Rechte vorbehalten
Lektorat: Juliane Sonntag
Umschlaggestaltung: Christa Gnädig
Herstellung: Ebner Ulm
ISBN 3-88350-112-3

INHALT

Die Mutter aller Fragen	11
Gestatten, Oscar Biberle	23
Die Klagemauer	27
Schwäbisch für Anfänger	33
Das geheime Bauherrenritual	39
Heute schon Zeitung gelesen?	47
Die Logik des Malers	51
Es stand geschrieben...	57
Von spanischem Putz und Muttermördern	62
Wilde Feger	73
Gipsbürste, Baustoffhändler und Bauherrenmodell	75
Die Weihnachtsgeschichte im Spiegel der Presse	85
Alex, der Kapo	89
Lesen bildet	99
Der Vater aller Antworten	105

*Christoph Sonntag vor seinem Umbau:
ein entspannter, gelassener und fröhlicher Mensch.*

Gewidmet allen, die umge-, ange- und neugebaut haben, oder sonstwie übernatürlich schnell gealtert sind.
Auch gewidmet allen, die gerade mitten drin sind, übernatürlich schnell zu altern (Bauphase).
Und allen, die im Begriff sind, bald übernatürlich schnell zu altern (Planungsphase).

Und meinem Papa.

Sämtliche Personen, Bürgermeister, Handwerker, Pizzawirte, Anwälte, Bankdirektoren, Techniker, Elektriker, Baustoffhändler und -ketten, Gipser, Kulturveranstalter, Sanitärfachleute, Maler, Schlosser und Werkzeuge, Baustellen und -fahrzeuge in diesem pakkenden Schicksalsroman sind nicht nur namentlich verändert, sondern auch völlig frei erfunden.
Mein Papa auch.

Ich auch.

Vorbild statt Vorwort

„Sie sind immer noch da? ...wie bitte?
Sie wollen an-, um oder neubauen?
Ich warne Sie! Lesen Sie vorher dieses Buch!"

DIE MUTTER ALLER FRAGEN

...Ich bleibe dabei! Nein, ganz sicher!
...Wenn ich nein sage, dann bleibe ich bei meinem nein! Sie kennen mich doch!
...Was soll das heißen: gerade deshalb?
...Nein, bitte verstehen Sie mich nicht falsch, es würde mir durchaus Spaß machen, aber – PLONG – PLONG – PLONG – Wie bitte?... Nein, ich habe Sie soeben nicht verstanden, weil – DRRRRÄÄNG – Hören Sie? Es ist hier gerade ein bißchen schwierig zu telefonieren, weil – DRRRRÄÄNG – Hallo? Ich rufe zurück!... Hören Sie?... Später, ja später!... Danke, Ihnen auch!

Ist ja wirklich nett, um nicht zu sagen, eine große Ehre, daß mein Verleger persönlich bei mir anruft und mich bittet, ein weiteres Buch zu schreiben. Sie haben mein erstes gekauft, ja? Entschuldigung, war ja nur 'ne Frage. Jedenfalls: mein erstes Buch hatte zwei Manuskriptvorläufer, zwei fertige Bücher, jeweils völlig anderen Inhalts. Eines davon sogar ein Ökokrimi, der in Bayern spielt. Beide nie von irgendeinem Verlag irgendwie verlegt. Gut, ich weiß inzwischen auch, warum. Dennoch: damals solch ein Anruf von einem Verleger und ich wäre tot umgefallen vor Glück!
Ich erinnere mich noch gut, wie ich, im Alter von 24 Jahren, mein erstes Buchmanuskript verfertigt habe: Immer nachts daran geschrieben, um morgens leidlich ausgeschlafen und gerade noch rechtzeitig fünf Minuten zu spät, nämlich *nach* sieben, in einer Baumschule erscheinen zu können, wo ich ein schreckliches Prak-

tikum zu absolvieren hatte. Schrecklich deshalb, weil es hieß, im Februar (!) bei Affenkälte (!) diverse Bäume auszugraben, rumzuschleppen und anderswo wieder einzugraben. Das ganze wiederum nur, weil das Praktikum Bedingung war, um ein anerkanntes Brotstudium hinter mich zu bringen, was ich wiederum nur meinem Vater zuliebe tat. Immer wissend, daß meine eigentliche Berufung woanders liegen müsse! Mit Sicherheit nicht dort, wo mein Vater sie vermutete.
Gut, ich wurde nach einigen Wochen krank, Sinusitis, zu deutsch Kieferhöhlenentzündung, eine Krankheit, die krank genug macht, um krankgeschrieben zu werden, aber gesund genug läßt, um all das zu tun, was mehr Spaß macht, als im Februar (!) bei Affenkälte (!) tiefgefrorene Bäume... Sie wissen schon.

Eines Morgens war das Manuskript fertig. Es war an diesem Februarmorgen so saukalt, daß – außer dem Ausländertrupp unter der gnadenlosen Führung eines Meisters namens Hottmann – niemand in die Kälte mußte. Übrigens, Hottmann hätte 50 Jahre früher in ähnlichen Zwangseinrichtungen garantiert ebenfalls Karriere machen können. Hottmann, der mich stets besonders triezte, bloß weil er zeitlebens vergeblich das hatte studieren wollen, was ich studierte, ohne es zeitlebens je gewollt zu haben.
Ich denke, daß Hottmann eben keinen Papa mit starker Persönlichkeit hatte, der ihm sagte, was Hottmann nicht will. Sowas ist sehr, sehr wichtig im Leben! Wenn dem Menschen niemand sagt, was er nicht will, und ihn daraufhin nicht in irgendeiner Form zwingt, das zu tun, was er nicht will, fängt der Mensch an, selber was zu wollen. Und das ist immer der Anfang vom Ende. Der Grundstein zum Chaos wird gelegt. So ähnlich wird das römische Imperium untergegangen

sein. Weil nur das, was man nicht will, garantiert klappt. Was man will, garantiert nicht. So kompliziert war die Welt schon damals. Schon im kleinen.
Mein Studium zum Beispiel hat geklappt! Das dazugehörende Praktikum in der Baumschule auch. Und dort arbeitete ich an jenem Morgen mit meinen deutschen Kolleginnen und Kollegen in einer großen, herzlosen Halle, wo es galt, Rosenstöcke zu schneiden. Dabei hatte ich gerade knapp drei Stunden zuvor mein erstes Buchmanuskript fertiggestellt! Ich mußte an mich halten, um nicht zwischen meinen Rosenstöcken laut loszuschreien:

„Alle mal aufhören! Alle mal alles hinlegen! Alle mal herhören!" Ich war kurz davor. Zum Glück habe ich es nicht getan. Sie hätten mich alle für noch verrückter gehalten, als es ihnen Hottmann immer erzählt hat. In einem solchen Moment ein Anruf vom Verlag! Und ich wäre geplatzt vor Glück.
Aber, wie hat schon weiland der gute Tucholsky festgestellt: Mal fehlt Dir der Wein, mal der Becher. Die Celsiüsser, die im Sommer zuviel herumheizen, fehlen im Winter. Das hat der liebe Gott so eingerichtet, damit es uns Menschen nicht zu gemütlich wird. Und wir deshalb niemals aufhören nachzudenken. Obwohl sich mir in diesem Zusammenhang, wenn ich an die meisten meiner Mitmenschen denke, immer der Gedanke aufdrängt, es müßte winters noch kälter und sommers noch heißer...

Damals also der Verlegeranruf? Ja!
Es ist nun, acht Jahre später, immer noch schön. Zugegeben, aber, es spricht was dagegen.
– DRRRRÄÄNG –
Genauer gesagt: Einer spricht dagegen: Tim.

Tim ist mein Schlosser.
Der beste Schlosser der Welt. Er montiert gerade eine wunderbare Metalltreppe, mit der ich, wenn sie fertig ist, wunderbar vom oberen in den unteren Stock gelangen kann. Bisher mußte ich immer außen herum laufen. Durch die Kälte ... Sie wissen schon.
Das kann sehr umständlich sein: Da sitzen Sie oben an der Schreibmaschine und brauchen für das, was Sie schreiben, einen gewissen Brief, der unten liegt. Sie stehen also auf, gehen durch den Flur, öffnen die Wohnungstür, stapfen die Haustrepppe hoch, gelangen durch die Haustüre, biegen oben scharf links ab, kämpfen sich die Schotterrampe runter, versuchen unten im Abrutschen eine Biegung nach links zu beschreiben, um, falls Sie das Gleichgewicht halten können, vor der zweiten Türe zum Stehen zu kommen. Wenn Sie Glück haben (ich hatte es manchmal), haben Sie den Schlüssel für die untere Türe dabei, schließen auf, holen den Brief und bewegen sich dieselbe endlose Wegbeschreibung rückwärts, bis sie wieder an der Schreibmaschine sitzen. Um dann zu entdecken, daß Sie versehentlich den falschen Brief nach oben geholt haben.
Also hurtig die ganze Geschichte wiederholt.
Diesesmal haben Sie Pech. Sie haben den Schlüssel für unten vergessen. Beim Wiederhochkommen erkennen Sie, daß versehentlich die obere Türe ins Schloss gefallen ist.
Wenn Sie dann drei Stunden später mit dem netten Herrn vom Schlüsseldienst ein Feierabendbier trinken und die Leistung des Tages überdenken, kommen Sie schon mal zu dem Schluß, daß eine interne Treppe etwas ganz Tolles wäre. Tim ist dafür hervorragend geeignet, wie geschaffen, um Treppen zu machen. Der beste Schlosser, den ich kenne. Gut, ich kenne nur einen, aber der ist von allen, die ich kenne, der allerbe-

ste. Und weil das so ist, mußte ich einfach warten, bis er kommt. Aber jetzt – DRRRRÄÄNG – ist er ja da.

Er hat mich damals vor die Wahl gestellt: Edelstahl oder Normalstahl.
Ich weiß nicht, ob Sie schon mal umgebaut haben. Ich kann Sie durch das Buch nicht sehen. Würde Sie aber sofort erkennen:
Sie sind bestenfalls 45 und haben schwarze Schatten unter den Augen. Das Buch zittert ein bißchen beim Halten und als Sie kürzlich am Bahnschalter eine ermäßigte Fahrkarte kaufen wollten, hat der Schaltermensch nach kurzem Aufblicken in einem Ton gefragt, der Ihr „ja" schon voraussetzt: „Seniorenpaß?"
Sie sind ein Bauherr.
Wir erkennen uns untereinander an den unverkennbar an uns abgelaufenen, wie es Biologen nennen würden, „untypischen Alterungsprozessen".

Kurz: Die Tim-Frage, die wie alle Baufragen in zwei Minuten beantwortet sein muß und dann garantiert Nachwirkungen in der zeitlichen Hunderterpotenz hat, lautete: Edel- oder Normalstahl?
Dieses Problem kennt jeder Bauherr: Er muß innerhalb kürzester Zeit Fragen beantworten, deren Tragweite er weder einschätzen noch verantworten kann. Fragen, die er, wenn alles gut gegangen ist, gerade mal akustisch verstanden hat. Fragen, die zumeist nicht einmal der fragende handwerkende Fachmann mit Sicherheit richtig zu beantworten in der Lage wäre.
Ihm kann es auch egal sein. Er baut alles, edel oder normal. Hauptsache, nichts muß so werden, wie es bestellt war. Hauptsache, man pocht weder auf den versprochenen Zeitplan noch auf den zugesagten Preis. Aber, welcher Bauherr wollte das schon?
Wir Bauherren wissen doch, daß es schon die größte

Gnade und das höchste Glück bedeutet, einen Handwerker physisch dazuhaben. Das Gefühl: Ich habe ihn bestellt, letztes Jahr, im Januar, und jetzt steht er da. Vor mir. Leibhaftig. Der Leibhaftige quasi. Dieses Hochgefühl ist es, was uns Bauherren von den Normalbürgern unterscheidet. Das kann keiner nachvollziehen, der es nicht erlebt hat. Es ist wie eine Geburt. Eine schwere – zugegeben – doch die mütterlich-bauherrlichen Hochgefühle lassen uns gerne Zeit, Form und Preis vergessen. Preiset den Handwerker, denn er ist da.

Edel- oder Normalstahl, das war hier also die Frage.
Solche Fragen brechen dergestalt über einen Bauherren herein, wie über einen, dem Zölibat verpflichteten, strenggläubigen Katholiken, der am Pro-Familia-Telefon „Ihr sexuelles Problem in zwei Minuten vom Fachmann gelöst" Dienst tut. Jedem leuchtet ein, daß das nicht gut gehen kann. Deshalb sitzt so ein Bischof ja auch nicht bei Pro Familia. Sondern setzt sich für deren Schließung ein.
Wir Bauherren dagegen sitzen da. Und müssen auch noch dafür bezahlen.
Und die Verantwortung übernehmen: Auch wenn die Zwei-Minuten-Antwort unser bausexuelles Problem nicht lösen kann, müssen wir mit der Edel- oder Normal-Gattin die Ehe vollziehen. Man hat uns schließlich gefragt, und wir haben, wenn auch innerlich unsicher, laut und deutlich „ja" gesagt. „Ja, ich will."
Später müssen wir uns gar noch anhören: „Sie haben es ja so gewollt. Ich hätte das ganz anders gemacht..."

Ihnen kann ich es ja sagen: Ich verstand die Frage nicht. Konnte den Unterschied zwischen Edel- und Normalstahl so schnell nicht erkennen. Das durfte ich aber vor Tim nicht zugeben. Niemals! Was, wenn mein Handwerker darob erzürnt den Schauplatz verlassen hätte? Und ich weitere zwei Jahre außenrum hätte laufen müssen? Nein, ein guter Bauherr scheut vielleicht intern das Risiko, aber er gibt sich niemals der Lächerlichkeit preis. Und fragt das einzige, was er mit Sicherheit immer fragen kann, weil die Antwort, die kommt, zwar nicht stimmt, aber Zeit schindet: „Was ist billiger?"

Wir nahmen also Normalstahl.
2.000 Mark Einsparung.

Eigentlich schön. 2.000 Mark sind 2.000 Mark. Was mich allerdings jetzt ein bißchen daran stört, ist, daß Tim mir gerade erklärt hat, gerade eben, zwei Monate nach gemeinsamer, definitiver Beantwortung der Normal-Edelstahlfrage, so ganz locker beim Montieren der Normalstahltreppe: „Normalstahl rostet im Gegensatz zu Edelstahl."
„Rostet?"
„Ja, rostet!"
„Kann man was dagegen tun?"
„Abschleifen, säubern, lackieren."
„Was kostet das?"
„2.000 Mark."

Wenn ich es den Maler machen lasse. Allerdings – warnt mich Tim – werde es dann meist nicht sauber gemacht. Ich könnte sie auch selbst streichen. Dann wird's aber nicht sauber.

Gut, ich hole den Maler.
Tim sagt noch, daß ich die Treppe in regelmäßigen Abständen streichen lassen müsse. Er persönlich hätte ja die Edelstahlversion genommen. Die wäre mich im Endeffekt viel billiger gekommen. Außerdem hät-

te er Edelstahl vorrätig gehabt. In Massen. In seinem Lager. Auf Normalstahl mußte er sechs Monate warten. Aber ich hätte ja unbedingt auf Normalstahl gepocht. Kunde gleich König, seufzt er.

Was soll's. Hauptsache, ich bekomme jetzt meine Treppe. Es ist nämlich sehr umständlich, wenn ich oben sitze, an der Schreibmaschine und einen Brief von unten brauche. Dann muß ich nämlich ganz außen rum. Durch die Kälte – Sie wissen schon. Und
– DRRRRÄÄNG –

Wie? Was sagen Sie? Moment, werter Leser, ich gehe mit Ihnen ins Bad, dort ist es nicht so laut. Hier außen ist mein Schlosser Tim damit beschäftigt, die Stahltreppe zu montieren. Normalstahl.

– PLONG – PLONG – PLONG – PLONG –

Natürlich! Herr Mösselmann! Den habe ich ganz vergessen! Darf ich vorstellen? Herr Mösselmann mein Gas-Wasser-Installateur.
Gerade montiert er mein Klo. Ich habe mich für die Luxuslinie Magnum entschieden.
Haben Sie schon einmal ein Klo gekauft?
Ich stand vor der Wahl: Magnum, Signum, Maximum, Aqua, Luxus, Platin, Aurum oder Argentum. Oder so ähnlich. Dabei war es mir eigentlich ziemlich egal, wie die Badserien heißen. Denn ich hatte mich schon vorher für Standard entschieden. Jeder Bauherr übertreibt bei ungefähr zehn anstehenden Ausgaben völlig und überzieht damit das gerade noch mögliche Budget auf nachgerade kriminelle Art und Weise. Als Prokurist einer Firma flöge er schon nach dem ersten Tag hochkant raus. Nicht wir Bauherren: Wir treiben schießlich unsere eigene Firma in den Bankrott. Und

haften auch noch persönlich dafür! Das wird uns Bauherren allerdings frühestens nach der zehnten geistig umnebelten Aktion klar, und dann ziehen wir, wie im Schock, die Notbremse. Im Faktor eins zu zehn. So kommt es, daß Ihre Freunde, die Sie zu deren Einzugsfest besuchen, zwar den Garagenboden aus glänzendem Stirnholzparkett haben, aber eine Eingangstür aus Sperrholz. Einen Wohnzimmerboden aus poliertem Marmor, die Küche jedoch von Ikea. Türgriffe aus strahlendem Chromstahl und die Klingelanlage vom Baumarkt. Ich zum Beispiel habe für mein Bad die teuersten Glasmosaikfliesen bestellt, die ich im Bauwahn finden konnte (500 Mark pro Quadratmeter). Also sollten Klo, Dusche, Waschbecken und Badewanne in Spar-Dich-froh-Standardausführung sein. So jedenfalls war's gedacht.
Ich habe mich schließlich für das Modell Magnum entschieden.
Das heißt, mir hätte eigentlich die Standardausführung, abgesehen vom Preisvorteil, viel besser gefallen. Aber Herr Schweizer, mein Fachverkäufer im Badfachgeschäft, hat mich davon abgebracht. Er empfahl mir die Luxuslinie Platin. Er war so engagiert, so begeistert. Ich konnte ihn einfach nicht enttäuschen! Außerdem baut man nur einmal. Und sparen könnte ich ja noch an einem anderen Posten. Vielleicht an der Haustüre? Oder am Garagenboden?
Nachdem jedoch Herr Mösselmann, ein wirklich großartiger, einfühlsamer Installateur, der, der das Bad später installieren sollte, gesehen hatte, was ich, also Herr Schweizer, rausgesucht hatte, hat er, nach Rücksprache mit mir, sofort umbestellt. Auf Linie Magnum. Auch wenn sie mir nicht gefällt, hat sie doch zwei Vorteile: Erstens ist sie noch teurer als Platin. Und zweitens gefällt sie meinem Installateur. Und wenn sie ihm gefällt, identifiziert er sich mit der Ware. Und

baut das Bad dann vielleicht – ganz aus eigenem Antrieb – nur ein halbes Jahr nach der verbindlichen Terminzusage ein.
Klo kaufen ist wie heiraten: Meistens siegt die Vernunft.
Wenn Sie im Leben erst mal ein Klo gekauft haben, werden Sie im Restaurant oder bei Freunden niemals mehr jungfräulich aufs Klo gehen können. Der Klogang dient ab sofort nicht mehr nur der Darmentleerung, sondern wird vielmehr zur spannenden Entdeckungsreise. Endlich brauchen Sie für Ihre Basisarbeit zum Schaffen neuer Aufnahmekapazitäten für weitere Speisen (mein Waiblinger Bürgermeister Wässner hätte gesagt: zum Scheißen) keine Zeitung mehr. Sie sind hinfort ausreichend beschäftigt! Sie tippen prüfend auf die Keramik und lesen fortan in den Fugen: Aha, hier verläuft die Vormauerung. Verstehe, sie haben die Ableitung von Urinal und Gästeklo zusammengefaßt. Interessant! Aber warum haben sie sich bloß für die Standardlinie entschieden? Die gibt doch nichts her! Die hat doch keine Ausstrahlung. Die ist doch popelig. Das kann man heutzutage doch nicht mehr guten Gewissens empfehlen. Wie Herr Schweizer, mein Badfachverkäufer, immer sagt.

„Wie bitte? Oh, Entschuldigung, Herr Mösselmann."
Ich stand auf seinem Engländer.
Das ist nicht sein Gastarbeiter, sondern ein unentbehrliches Gas-Wasser-Klo-Arbeitsgerät. Ich bin so froh, daß Herr Mösselmann endlich da ist. Er ist meiner Meinung nach der beste Installateur, den ich kenne. Da habe ich gerne ein bißchen auf ihn gewartet. Es ist schon gut, wenn man ein Klo hat. Die letzten zwei Monate, nachdem er mir das alte Klo rausgemacht hat (das Abwasserrohr aus Keramik sei völlig überaltert gewesen, heutzutage nehme man moderne

Kunststoffrohre) und sich die Lieferung des neuen verzögert hatte (ich hatte die Luxuslinie Magnum bestellt. Standard oder Platin hätte er sofort haben können, aber ich habe ja unbedingt auf Magnum bestanden), da mußte ich immer, wenn ich mußte... muß ich Ihnen eigentlich alles erzählen?
Jeder düngt seinen Garten anders.

– PLONG – PLONG – Jetzt aber raus aus dem Bad und lieber rüber ins Wohnzimmer – DRRRRÄÄNG – Mist, der schon wieder! Schluck. Verstumm. Hand auf den Mund klatsch. Hoffentlich hat er das nicht gehört! Und geht womöglich! Der neue Handwerker würde mindestens fünf Stunden (à 72 Mark) an der Arbeit des alten Handwerkers herummäkeln, viermal die Lötpistole ins Korn werfen, um sie gegen das Versprechen einer Erschwerniszulage wiederaufzunehmen. Nein, nein. Dann lieber schweigen, loben und lächeln.
Ich bin ja froh und dankbar, daß er endlich meine Treppe montiert. Nur, ganz vorsichtig gefragt: Hätte das nicht schon vor acht Wochen passieren und dafür in Edelstahl ausgeführt werden können? Bis ich jetzt einen Maler finde, der die Arbeit schlampig ausführt und dabei möglichst nicht weit über den veranschlagten (und gesparten!) 2.000 Mark liegt. Naja, vielleicht – DRRRRÄÄNG – Ich bring ihn um. Ich bring ihn um...
Nein! Nicht doch! Wer schweißt dann die Treppe fertig?
Wie konnte ich bloß auf die dämliche Idee kommen, während des Um- und Anbaus im Altbau weiter wohnen zu wollen. Und weiterzuarbeiten. Ha! Daß ich nicht lache! Arbeiten! Bei dem – DRRRRÄÄNG – was habe ich gesagt? Lärm? Kann sein.
Herr Bassel ist schuld. Mein Architekt. Er hat den saublöden Vorschlag gemacht. Herr Bassel ist einer

meiner Architekten. Der andere ist Michel, ein Freund. Und dann ist da noch mein Vater. Und ich, der ab und zu ganz vorsichtig einzuwerfen versucht, was er sich eigentlich vorgestellt hat. Und dann jedesmal ziemlich blöd angeschaut wird.

Herr Bassel: „Zu spät. Das hätten Sie gleich sagen müssen."
Michel: „So eine spießige Lösung gefällt Dir?"
Mein Vater: „Quatsch, das machst Du nicht."
Meine Freundin: „Du läßt Dir immer reinreden!"

Stimmt, selbst von ihr.
Eigentlich ist mein Vater schuld.
Der hat mir eine alte Wohnung geschenkt. Ganz scheinheilig, wie ein Drogendealer, der den ersten Schuß verschenkt, um einen neuen abhängigen Kunden zu gewinnen. Und ich habe zugegriffen. Mit meinen beiden Schwestern Henriette und Juliane hat er es genauso gemacht. Die hängen jetzt auch an der Baunadel. Meine kleine Schwester Friederike ist noch zu klein. Aber sie wird bald baujährig. Und mein Vater hat, wie es der Zufall will, noch genau eine alte Wohnung übrig. Der Schuft.
Und jetzt baue ich um. Überall Staub und Müll und Dreck und – DRRRRÄÄNG –.

Und dann ruft plötzlich mein Verleger an. Ich solle ein Buch schreiben. Über mein Kabarett-Stück „Gemein sind wir stark". Ein starkes Stück. Fast schon gemein. Andere Kabarettisten geben einfach ihre Bühnentexte beim Verleger ab, der druckt sie – Buch fertig. Aber bin ich etwa andere Kabarettisten? Außerdem müßten dazu meine Texte in Schriftform vorliegen – ... einen hätt' ich ja. Sogar mit Regieanweisungen.

GESTATTEN, OSCAR BIBERLE

Man hört ein schwer nagelndes Taxi näherkommen und scharf bremsen. Die Tür öffnet sich, Schritte hallen.
Ich komme als Oscar Biberle hinter dem Vorhang hervor, mein Taxischild auf dem Rücken und setze mich auf den Stuhl.
Schild leuchtet, Scheinwerfer an:

„Heute war wieder so ein Tag!
Kommt da nicht einer an mein Taxi und will, daß ich ihn zur Antikriegsdemo fahre. Ich! Ihn! Zur Antikriegsdemo!
Sag' ich dem, ‚rote Socken und Pazifisten kommen nicht in mein Taxi rein. „Isten" haben bei mir nichts verloren.'
Schaut der mich ganz blöd an. Erklär' ich dem genau: ‚Keine Isten. Ob Pazif-, Kommun-, Frauenl-, Schweinem-, Nihil-, Budd-, Existential- und erst recht Fasch-. Isten befördere ich nicht. Basta.'
Sagt der mir: ‚Iste alles falsch.' Er iste einer von der CDU.
Christian Schwarz.
Ich fahr' den also zu seiner Demo. Denk mir noch: Sowas hat's noch nie gegeben, daß einer von der CDU unvermummt zur Friedensdemo fährt!

Wie ich noch so vor mich hin räsonier' und ihm gedankenschwer nachseh', kommt schon wieder einer auf mein Taxi zu.

Ich schrei' laut heraus: ‚Ja, leck mich, da kommt der Kohl!'
Aber, es war nicht Helmut.
Ich nehm' ihn trotzdem mit und denk' nach. Der Fahrgast ist sauber angezogen, flotter Übergrößen-Anzug, adrettes Hemd, Krawatte und alles, was zum Mann von Welt so dazugehört.
Ich frag' mich ständig, woher ich diesen Herrn nur kenne.
Er will zum Symposium: „Einsatz militärischer Gewalt zum Schutz der Weltfreiheit – Ja oder ja? Oder etwa ja?"
Ich kombinier'. Frag' ihn irgendwann: ‚Gell, Sie sind auch von der CDU?'
Antwortet der: ‚Nö, gestatten, Joschka Fischer.'

Jetzt frag' ich Sie: Mal ehrlich, wie soll da ein einfacher Taxifahrer noch durchblicken?
Früher, ja, früher, da war alles ganz einfach:
Langhaarige hast Du weggejagt und die mit den kurzen Haaren, das waren die Anständigen.
Und heute? Heute sind die mit den ganz kurzen Haaren damit beschäftigt, unsere Ausländer zu verbrennen, und die mit den langen Haaren berichten darüber im Frühstücksfernsehen.
Die Protesttafel, die früher mit einem Demonstrierer über den Marktplatz gelaufen ist, brauchte gar nicht erst entziffert zu werden. Diese Mühe konntest Du Dir glatt sparen. Er war immer gegen Atomkraft.
Bedenkenlos konntest Du ihm die Haken aufbiegen, an der Latzhos', und zack, war er seinen Latz los. Ließ sofort seine Tafel fallen, hielt dafür seinen Latz und die Demo war aufgelöst.
Heutzutage kann es vorkommen, daß Du den Latz der Frau Bürgermeister in der Hand hältst.
Angemeldete Demo gegen den innerstädtischen Ver-

kehr. Freie Wählerliste – sehen Sie? Schon wieder Iste.
Und nichts als Ärger.
Wenn Du als stadtbekannter Taxifahrer mitten auf dem Marktplatz den Bürgermeisterinnenlatz in Händen hältst, sieht es schlecht aus mit der Nachtfahrerlaubnis.

Ich hab' halt schlechte Erfahrungen gemacht. Deshalb kommen Iste nicht mehr in mein Taxi rein, basta.
Erst kürzlich hat's Zarah Leander nochmal probiert, über's Radio: ‚Iste im Regen und warte auf Dich.' Tja, die wartet heute noch auf mich. ‚Zarah, auch wenn Dir das noch nie ein Mann gesagt hat: Ich komme nicht!'

Früher war alles so einfach. Hat damals so ein Miesepeter ständig rumgemeckert und genervt, weil es ihm bei uns nicht gefallen hat, konntest Du ihm einfach ein: ‚Geh' doch nach drüben!' entgegenhalten. Und heute? Heute ist drüben doch schon hier, wo soll man ihn jetzt noch hinschicken?
Das wirkt jetzt immer blöd: Er meckert. Du, wie aus der Pistole geschossen: ‚Wenn Dir's hier nicht paßt, dann geh' doch nach – ähm.'
Sehen Sie? Saublöd, sowas.

...auf die Malediven? Das schockt doch nicht. Das einzige, was man noch drohend sagen könnte: ‚Zum Töpferkurs in die Toskana'. Aber, das ist schon wieder zu lang! Drüben! Das war's! Sechs Buchstaben, sechs Hiebe, zack, fertig.
Oh, DDR, man könnte ostalgisch werden.

Und wir haben jetzt den Salat.
All die, denen es hier nicht paßt, können nun nicht

mehr nach drüben, sondern bleiben hier. Also haben wir hier allmählich nur noch Nichtpasser.
Mehr noch: Die, die damals nach drüben sind, weil es ihnen hier nicht gepaßt hat, sind jetzt, wo drüben hier ist, automatisch wieder da.
Und weil's denen heute wieder nicht paßt, haben wir eine Krise im Land.
Nichtpasserkrise.
Allen paßt etwas nicht. Ich geb's ja zu: mir auch nicht!
Früher habe ich in meinem Taxi nur die mitgenommen, die mir gepaßt haben. Den Rest habe ich nach drüben geschickt. Heute, wo drüben hier ist, muß ich alle mitnehmen, ob es mir paßt oder nicht. Folge: Du wirst unzufrieden. Und organisierst eine Demo. Die erste Taxi-Innungsdemo. Und plötzlich nimmst Du als Taxifahrer an einer Demo teil, obwohl du immer gegen Demos warst.
Und die, die für Demos waren, durften bisher nicht in dein Taxi.
Konsequenterweise kannst Du also jetzt auch nicht mehr ins Taxi.
Als Taxifahrer!
Was machst Du in deiner Not? Du organisierst eine Demo gegen die Demo der Taxifahrer-Innung. Und da soll man nicht verrückt werden heutzutage.
Früher, ja, früher, da war alles so einfach."

Die Klagemauer

Warum sagen eigentlich immer alle, ich hätte einen Vaterkomplex?
Das heißt, eigentlich sagen es gar nicht alle. Bloß mein Psychiater sagt's. Und dem glaube ich eh' kein Wort.
Ich bin ja nicht verrückt!
Fest steht: Mein Papa ist eine starke Persönlichkeit. Das weiß ich heute, mit 33, kurz nach der Pubertät. Früher habe ich das intellektueller formuliert. Damals sagte ich: Mein Papa ist der Größte.

Kürzlich hatten wir eine Baubesprechung. Mein Papa und ich. Samstag früh um acht Uhr dreißig.
Das mag für Sie ganz normal klingen. Für mich, der ich so gut wie jeden Freitag einen Bühnenauftritt habe und deshalb bestenfalls um vier Uhr morgens ins Bett komme, dann aber noch nicht schlafen kann und auch nicht will, und deshalb noch ein Stündchen Fernsehen gucke – „Immer noch einsam? Rufen Sie an: 0130- 37 97 97" –, bedeutet Samstag, acht Uhr dreißig: Nach knapp vier Stunden Schlaf aus verqollenen Lidern in eine unfreundliche Welt blicken.
Mein Psychiater, der Depp, sagt, ich müsse mich durchsetzen! Auseinandersetzen. Ich finde, er hat recht.
Ich setze mich deshalb mit meinem Vater zusammen und dann auseinander und erkläre ihm, hart und klar, von Mann zu Mann, den Sachverhalt.
Mein Vater versteht mich vollkommen, aber vermutlich nicht richtig. Er rät: Geh einfach früher ins Bett.
Ich finde, er hat recht.

Meine Freundin sagt, ich setze mich nie durch. Auch sie hat recht.
Alle sagen mir was anderes und alle haben recht. Recht so.
Jedenfalls: Wir trafen uns am Samstag um acht Uhr dreißig, mein Vater und ich. Er schaute mir vorwurfsvoll in die geschwollenen Lider. Er habe doch extra gesagt, ich solle diesmal früher... – ich schämte mich. Deshalb widersprach ich auch nicht, als er fand, die Mauer am Eingang müsse stützbetoniert werden. Das würden wir aber selber machen. Ich brauchte dazu nur noch einen Mann (meinen Auftrittstechniker Pätrick) aufzutreiben und dann würden wir zu dritt die Tonne Beton in die Schalung schaufeln.
Und die Schalung machen wir gleich jetzt gemeinsam. Sagte Papa. Und den Beton bestellte er für nächsten Samstag, morgens um sieben. Ich versuchte noch zaghaft einzuwerfen, daß doch der Betonmischer so einen Rüssel hätte, mit dem man den Flüssigbeton direkt in die Schalung spritzen... – mein Vater schaute mich verächtlich an. Die stampfen doch nicht richtig und dann hat die Mauer innere Blasen! Ach so.
Ich gab dann noch zu bedenken, daß ich am nächsten Freitag in Sonthofen im Allgäu zu spielen hätte, und daß ich dann kaum um sieben dasein könnte.
Mein Vater wußte Rat: Dann steht ihr halt um vier auf.

So ein Papa, der kennt das Leben. Der rät Dir was und Du tust es.
Gut, Du hättest Dich nicht getraut, es Deinem Techniker zu sagen. Du, also, Sie vielleicht nicht, aber ich! Ich wußte: Ich tu's! Ich traue mich! Ich sage es ihm! Je früher, desto besser! Dann kann er sich schon mal innerlich drauf einstellen! Knallhart sag' ich's ihm! Ich rotz es ihm hin! Gnadenlos! Umgehend!

Noch in Sonthofen!
Nach dem Abbau der Anlage und der Requisiten!
Beim Essen!
Nach vier Bier!
Nachts um halb drei!

Haben Sie schon mal einem Techniker, der seit vierzehn Uhr unterwegs ist, nach zwölf Komma fünf Stunden Arbeit, wenn er sich gerade auf's Ausschlafen genauso freut wie auf das Frühstück, das sein dekadenter Geist nicht vor zwölf Uhr mittags ansiedelt, gesagt, daß er jetzt, um im Numerischen zu bleiben, eins Komma fünf Stunden Schlaf hat? Um dann wieder aufzubrechen? Was sagen Sie da? Sie haben keinen Techniker? Meine Güte, Sie machen sich's aber leicht!

Ich nicht. Ich tat's. Auch wenn ich alles schon geahnt hatte und mit meinen Schlagberechnungen richtig lag: Wegen der durchaus verständlichen und von mir bereits einkalkulierten Übermüdung war sein Griff zur Flasche verzögert, ja, geschwächt, und der folgende Schlag damit auf meinen Kopf eigentlich gar nicht der Rede wert. Geradezu lächerlich. Von wegen Schädelbruch. Eine mittlere Gehirnerschütterung, mehr nicht. Die steckte ich weg. Glauben Sie denn, ich lasse mir vor meinem Papa etwas anmerken? Stattdessen warf ich mir gegen vier Uhr den schlafenden Techniker auf meinen Kopfverband, verlagerte dabei sein Hauptgewicht auf die Kopfpartien, die nicht mehr so heftig bluteten, verlud ihn auf den Beifahrersitz und fuhr heim.

Doch dann der Stau. Gegen sechs. Vor Ulm. Stau in, um und um Ulm herum. Mir wurde ganz mulmig.
Ich tat das einzig Richtige: Rief direkt bei mir zuhause an. Riß eine Etage über mir Familie Mann aus ihren

Träumen, die seither übrigens nie mehr mit mir geredet hat – gut, es war Samstag früh, gegen sechs Uhr – und sagte ihnen, sie müßten sofort runtergehen, vor die Türe, wo mein Papa garantiert schon auf den Betonmischer warte und meinem Papa einen schönen Gruß von mir ausrichten, daß ich käme, nein, daß wir kämen, bloß später, ein bißchen später, wegen des Staus! Er solle auf uns warten!

Ich war mir völlig im klaren darüber, daß dies als Entschuldigung nicht ausreichen würde. Wer um sieben da sein will, muß heutzutage mit Stau rechnen. Und deshalb eben schon um halb vier aufstehen.

Kalter Schweiß schwabbte im Fußraum um meine Knöchel. Ich entschied rasch und unkonventionell: das Feld. Verließ die Autobahn und heizte durch alle Weizenfelder, die der liebe Gott zwischen Ulm und Stuttgart hat wachsen lassen. Vollgas!
Es war sieben Uhr zwanzig, noch zehn Minuten bis zum Stillstand der Motoren, ich versuchte beiläufig, nein – fahrig, meinen Techniker zu wecken. War er tot? Mein Gott, der Schlag auf meinen Kopf wird ihn doch nicht...nein, er atmete, er röchelte, laut und deutlich, dem Himmel sei Dank, ich kriegte ihn wach. Sieben Uhr dreißig. Die letzte Kreuzung. Nicht mal zum tanken war Zeit, der Tank war schon seit hundert Kilometern leer. Völlig wurst, Hauptsache, wir kamen einigermaßen pünktlich an. Und da: Meine Baustelle! Ich bremste, stürzte aus dem Wagen, öffnete im Rufen – wir sind schon daha! – die Beifahrertüre, mein Techniker purzelte raus und verfiel auf dem Kopfsteinplaster sofort in einen erholsamen Tiefschlaf – als mein Vater gerade noch die letzte Schippe Beton in die Schalung schaufelte.
Er sagte noch, „Ihr Flaschen!", womit er zweifellos

recht hatte, drückte mir die Schaufel zum Reinigen in die Hand, stieg in seinen Wagen und fuhr weg. Ich reinigte Schaufel und Gehweg, trug meinen Techniker auf meinem Kopfverband in meine Wohnung, setzte ihn an den Tisch und redete auf ihn ein.

Er hat mir bis heute nicht verziehen. Mein Techniker. Sitzt, zwei Jahre später, immer noch am selben Platz am Tisch, ißt nicht, trinkt nicht, redet nicht. Und sein Blick ist unverändert vorwurfsvoll.

Aber die Mauer ist klasse! Ohne jede innere Blase! Sie ist zu meiner persönlichen Klagemauer geworden.
Gleich jetzt werde ich zu ihr gehen und mit ihr besprechen, ob ich unter diesen Umständen ein Buch schreiben kann. Ich ahne schon, was sie antworten wird: Laß' es sein, Betonkopf.

SCHWÄBISCH FÜR ANFÄNGER

Für alle, die mit meiner Gosch Probleme haben, sei gesagt: Ich hab' keinen Sprachfehler, ich komme aus Stuttgart.
Wir schwätzen alle so. Und haben deshalb auch alle einen furchtbaren Komplex.
Der Stuttgarter kommt auf die Welt, spricht nach vier Wochen fließend schwäbisch und schämt sich bereits nach weiteren vier Wochen dafür zu Tode.
Dieser Komplex setzt sich dann bis ins hohe Alter fort. Wenn ein Stuttgarter, der beispielsweise BWL studiert, was ja bei uns in 85 Prozent aller akademischen Fälle vorzukommen scheint, und es damit zu wirtschaftlicher Kompetenz gebracht hat, auf einem Kongreß in Südschweden, also, oberhalb von Frankfurt, spricht, dann krampft sich sein Körper eigenartig zusammen, sein Gesicht zeigt fast unmenschliche Züge, seine Bewegungen werden fahrig, er preßt die Lippen aufeinander und versucht verbiestert, „nach der Schrift" zu reden, so daß alle schon vor seinem ersten Wort lachen und sagen: Au, guck, schon wieder ein Stuttgarter.
So was würde anderen nie passieren. Münchnern zum Beispiel. Naja, das hat wiederum ganz andere Gründe. Der Schwabe schämt sich jedenfalls für seinen Dialekt, und der Sachse, der sich eigentlich schämen müßte, schämt sich nicht. Derzeit laufen einige Dissertationen zu diesem Thema. Aber man ist der Sache noch nicht auf der Spur.
Nachdem ich nun dieses Dialekt-Komplex-Problem

an mir auch bemerkt hatte, ging ich zur Sprecherziehung. Das war in meinem Fall eine junge Frau, die an der Uni Stuttgart nachweislich sechs Jahre lang Hochdeutsch studiert hatte. Und die tröstete mich auch sofort: Schwäbisch ist kein Problem, das kriegt man weg!
Da war ich zunächst sehr erleichtert.
Doch bevor ich Deutsch, also, richtiges, weil hohes Deutsch, sprechen lernen durfte, mußte ich erstmal die Beine schütteln. Um den massiven Kontakt zum Boden abzubrechen. Weil Schwäbisch so eine erdene Sprache sei, müsse man erst die Verwurzelung abrütteln. Das haben Sie bislang auch nicht gewußt, gell? Mir war es ebenfalls neu. Und ich – Christoph, der Zweifler – war erst mal skeptisch.
Dabei leuchtete mir die Abschüttelnotwendigkeit in der Theorie sofort ein. Erst recht, wenn ich an meine anstehenden Gespräche mit Bankdirektor Alsässer wegen meines Umbaukredits dachte und mir vorstellte, wie sie in reinstem Hochdeutsch ganz professionell verlaufen würden. Was die Seriosität hebt und den Zinssatz senkt. Denn auch in der Sprache gilt bei den Banken: Kleider machen Leute! Deshalb fallen die auch auf jeden Schneider rein.
Trotzdem hatte ich meine Bedenken. Ich brauchte mir nur vorzustellen, wie ich in der Bank stehen würde, vor Herrn Direktor Alsässer, und noch bevor ich sagen könnte: „Herr Alsässer, ich plane, also mein Papa plant, meine Altbauwohnung um- und anzubauen. Der Kreditbedarf liegt bei circa 100.000 Mark. Ich spreche bei Ihnen nun wegen eines günstigen Kredites vor!", also, bevor ich in schönstem Lautreindeutsch sprechen könnte, erst mein rechtes, dann mein linkes Bein spastisch und rinderwahnsinnsgleich ausschütteln müßte, um dann, auf den verwirrten Direktorenblick hin, erklärend zu bemerken:

„Wegen der Wurzeln. Die Verbindung zur Erde brechen, kappen. Sie verstehen schon."

Fragen Sie mich nicht warum, aber der Gedanke bereitete mir ein gewisses Unbehagen. Ich befürchtete, so nicht nur kein Geld von ihm in die Taschen zu kriegen, sondern auch noch gleich die Schufa an den Hals.

Vielleicht hätte es ja gereicht, die Beine zuhause vorzuschütteln? Oder hätte sich die schwäbische Wurzelverwurzelung in Minutenfrist wieder aufgebaut? Ich war ziemlich verwirrt. Fragen eines deutschlernenden Schwaben. Fragen, die mich nicht mehr losließen. Denn das Hochdeutschlernen hatte mich ganzheitlich erfaßt und die Ansprüche wuchsen. Auch meine Lehrerin forderte mehr, und das gleich zu Beginn meiner deutschen Sprachausbildung. Nach dem Beinewackeln kam das Barbarasagen. Sie finden das lächerlich? Dann waren Sie nie im richtigen Sprechunterricht! Allerdings werde ich mich in meinem ganzen Leben nie mehr in eine Barbara verlieben können. Und sei sie noch so liebreizend!

Nie wieder werde ich „Barbara" sagen können, ohne daß mein rechter Arm dabei zuckt. Denn die Aufgabe hieß, Barbara dergestalt zu artikulieren, daß dabei jede Silbe über die... doch halt! Ich werde an dieser Stelle meine Sprecherzieherin wörtlich zitieren, um mich von dem nun Folgenden genügend distanzieren zu können. Nur damit Sie nicht jetzt schon glauben, ich sei schlicht verrückt und das Buch endgültig zuklappen. Also, ich sollte, so meine Lehrerin, „...Barbara so sagen, daß dabei jede Silbe über die imaginären Wellen des Meeres hüpft und am Horizont ein Schiff trifft."

Am Ende womöglich gar die Achille Lauro? Oder die Titanic?

Die hüpfenden Wellenbewegungen werden dabei wäh-

rend des Barbarasprechens vom rechten Arm wellig gestikulierend unterstützt. Machen Sie das erst mal zuhause nach! Aber ohne zu lachen! Beine schütteln, Arm schwingen, Bar-ba-ra sagen und am Ende, zack: Schiff versenkt.
Einer schlaflosen, aufgewühlten Woche folgte die nächste Unterrichtsstunde: Mein Kontakt zum Boden sei immer noch zu fest. Und das trotz des Knieschüttelns, bis der Meniskus schlappert.
Deshalb mußte ich, nach dem Beineschütteln und vor den Armwellen, von der Lehrerin streng verordnet, aufs Wippbrett. Tut mir leid, Barbara, aber ich konnte mich dabei nicht auf Dich konzentrieren. Ich wollte einfach nicht abstürzen. Und im Meer landen. Sehr, sehr unzufriedene Lehrerin.
Nächste Stunde. Gleiches Procedere, gleiches Wippbrett, aber – Barbara war nicht mehr alleine! Quasi weder nackt noch bloß! Sondern: im ganzen Satz! „Barara saß nah am Abhang, sprach gar sangbar, zaghaft langsam, alsbald kam Abraham à Sancta Clara..." lautete meine heutige Lektion.
Um es kurz zu machen: Zwei Jahre Unterricht, vierzehntausend Mark. Und am Schluß konnte ich gerademal so Barbara sagen, daß das Mädle anständig über die Wellen flitzt.
Danach habe ich mit Johannes, meinem technischen Generaldirektor gesprochen. Und der hat mir dann tatsächlich was erfunden: Einen Dialektentzerrer. High-Tech-Gerät, knallgelbes Design. Paßt sich, sagt er, jeder Kleidung an. Sofern man gelb trägt. Hat rote, blinkende Leuchtdioden. Ist etwa 15 mal zehn Zentimeter groß. Fünf Zentimeter dick. Rechts und links zwei Anschlußkabel mit Klemmkontakt. Letzteren muß der zu Dialektentzerrende irgendwo am Körper anschließen. Wo, ist völlig egal. Hauptsache, die Polung stimmt. Rechts schwarz, links rot. Und dann

drücken Sie auf den Knopf und, zack – sprechen Sie hochdeutsch, lautrein. Perfekt.
Er war jetzt übrigens auch die ganze Zeit ständig angeschaltet. Sonst wären diese Zeilen hier nicht synchronisiert. Aber ich kann das Gerät, wenn Sie wollen, für einige Sekunden ausschalten, onn no vorschdanded Sie glei gar nex meh, gell? Sauglatt, odder? Den größten Nachteil, den das Gerät mit sich bringt, verstehen nur die Schwaben unter uns: Es verbraucht eine 9-Volt Batterie pro Tag. Anders formuliert: Fünf Mark täglich. Außerdem reagieren die Mädchen ganz anders, wenn man als Schwabe plötzlich hochdeutsch spricht. Erst kürzlich, auf dem Stuttgarter Wochenmarkt, habe ich mit meinem Dialektentzerrer ein Mädchen angesprochen, das nicht sofort weggerannt ist. Hab' sie zum Schluß gar umarmt. Da hat sie einen Stromschlag gekriegt und ist schreiend auf und davon. Seither bin ich mit dem Einsatz des Dialektentzerrers wieder etwas zurückhaltender geworden.
Jetzt habe ich mir überlegt, daß mein Sprachproblem von der ersten Sekunde an gelöst wäre, wenn mein Publikum komplett so sprechen würde wie ich. Wie wir. Schwäbisch halt. Deshalb werde ich Sie, sobald Sie zu mir ins Programm kommen, in drei Gruppen einteilen. Ich meine damit nicht Sie, als Individualleser, sondern Sie, als Gesamtpublikum.
In Gruppe eins, Gruppe zwei und Gruppe drei. Und dann lerne ich Ihnen die drei wichtigsten Sätze Stuttgarts. Denn, wenn Sie die beherrschen, können Sie, sagen wir, zwei bis drei Jahre lang in Stuttgart leben, ohne daß jemand etwas bemerkt. Selbst, wenn Sie aus extremen Bundesländern kommen, wie zum Beispiel Bayern. Äss gibbd ja nu och noch andorö, ai vorbibbsch, will nu gornisch grosartsch drauf aingähn... Damit es ein bißchen Spaß macht, hab' ich den

ganzen Unterrichtsstoff als Frage-Antwort-Spiel aufbereitet. Ich stelle Ihnen eine Frage, und Sie geben mir eine Antwort zurück.

Frage an Gruppe 1: Eugen, bisch fertich?
Antwort: Freilich, I hann mai Squasch-dasch fei scho packt!

Frage an Gruppe 2: Ja, hosch Du nix zom schaffe?
Antwort: Ha doch, I trag dor Abbarat grad na!

Frage an Gruppe 3: Ja, des langt doch gar nemme vorher?
Antwort: Stemmd, I hann mai Spätzlesb'schteck z'schpät b'schtellt.

Diese Sätze üben wir jetzt rauf und runter, gell? Und machen auch mal einen gerechten Gruppentausch (Gruppe eins wechselt mit Gruppe drei, Gruppe zwei wechselt mit Gruppe zwei, Gruppe drei wechselt mit Gruppe eins). Und dann bestimmen wir die Siegergruppe. Während die Verlierer, Gruppe eins und Gruppe drei, leider sofort den Auftrittsort verlassen müssen, darf Gruppe zwei noch dableiben. Und helfen, den Abbarat grad ra zu tragen.

Das geheime Bauherrenritual

Ich sollte meinen Verleger zurückrufen. Er ist ein ganz verständnisvoller Mann. Er spricht mich immer mit „GröKaZ" an, verrät mir aber nie, was er damit meint. Größter – am Anfang, logisch, ...aller Zeiten – am Schluß, klar. Aber das ...K... in der Mitte. Karies? Oder Kamel? Kamikaze, Karrierist? Kleinkrämer, Kotzbrocken, Kaugummi, Karabinerhaken? Kalinka-Kefir-Reifekurve? Kranführer?

Sie ahnen nicht, wie oft und wie lange ich mir darüber den Kopf zerbreche. Würde es wohl noch viel öfter tun, wenn ich meinen Umbau nicht hätte. Aber ich habe ja meinen Umbau. Und der hält mich Tag und Nacht auf Trab. Die nun schon seit 20 Monaten andauernde Bauphase hat tatsächlich eine gewisse Regelmäßigkeit in mein Leben gebracht. Eine Beständigkeit, die ihresgleichen sucht. Sicherheit. Ja, das ist es: Sicherheit.
Die Sicherheit, depressiv werden zu können, wann immer ich will. Andere müssen Unmengen von Geld in ihre Eckkneipe investieren, um moralisch zu verelenden. Wieder andere müssen gar an die verendende Umwelt denken, an den letzten Umweltgipfel. Oder womöglich das gesamte CDU-Parteiprogramm lesen. Ich habe es da leichter. Seit meinem Umbau.
Wenn ich Lust habe, depressiv zu werden, muß ich nur fünf Minuten durch meine bewohnte Baustelle frustwandeln. Danach ist meine Laune mit Sicherheit perdü. ...Warum hat der Elektriker denn die

Steckdose hier ins Eck...ich habe doch gesagt, ich möchte den Fernsehapparat hier an dieser Stelle haben, warum ist denn der Antennenanschluß...soll das etwa weiß sein? Das ist Schlafzimmer-babylatz-sabbel-hellblau!

Sie dürfen mich allerdings nicht falsch verstehen: Ich möchte Ihnen hier keinesfalls vom geplanten Umbau Ihrer Altbauwohnung abraten! Ganz im Gegenteil! Sie müssen sogar unbedingt umbauen! Und versuchen Sie gar nicht erst, hinter diesen Zeilen ein hämisch-zynisches Kichern zu erahnen. Hören Sie etwas, dann hätte das mein Verleger aus rein merkantilem Interesse dazwischengelegt. Zynische Gedanken lassen sich zur Zeit besser verschäublen. Nein, hinter meinen Zeilen steckt bestimmt kein böser Wille. Und Sie bauen Ihren Altbau um, fertig! Es ist doch so, daß man seinen Kindern nicht erklären kann, daß die Herdplatte noch heiß ist. Die beste Erklärung bleibt: einmal aus eigenem Antrieb freiwillig drauf mit dem Pfötchen, und sie haben's für immer kapiert. Haben Sie jetzt kapiert, warum Sie umbauen müssen?
Sie können meinetwegen Ihr Auto zum TÜV fahren und sich die Pizza ins Haus bringen lassen, gut. Das sind Errungenschaften unserer Hochkultur. Aber das Bauhändchen, das müssen Sie sich schon selbst verbrennen! Sie nehmen Erfahrungen für's Leben mit! Unter Umständen zwar auch direkt mit ins Grab. Im Normalfall aber sind Sie dann obenauf. Sie haben keine Angst mehr vor gar nichts: Arbeitslosigkeit, Kündigung, Bürgerkrieg, Waldsterben, Alzheimer, Fünflinge, Atomexplosion, Auffahrunfall, Klaus Kinkel – nichts kann Sie mehr schrecken, Sie sind abgebrüht. Ein ganzer Mann. Ein Prachtsweib. Sie haben umgebaut.

Zugegeben, Sie haben während des Umbaus und kurze Zeit darüber hinaus schlechte Laune. Ziemlich schlechte Laune sogar. Aber, glauben Sie mir, schlechte Laune hat auch ihr Gutes. Sie schafft Freunde! Wir haben inzwischen einen Stammtisch. Für alle Bauherren und -herrinnen hier im Umkreis von zehn Kilometern. Wir treffen uns immer abends und erzählen uns gegenseitig schlechtgelaunt den Baumist, den uns die herrschende Klasse der Handwerker den ganzen Tag über in die fahle Suppe unserer finanziellen Möglichkeiten eingebrockt hat. Und wie wir nun vorhaben, die Suppe wieder auszulöffeln. Schlimmstenfalls mit günstigen Schwarzlöffeln: „Kennst Du eigentlich keinen guten Elektriker, der mir mal gelegentlich..?"

Der Stammtisch hat Tradition. Er wurde schon lange vor meinem Eintritt in die Bauherrenriege gegründet. Ich erfuhr von diesem geheimen, schwarzen Zirkel durch Zufall von Mario, dem La Casa-Wirt, der mich nach jedem erstaunlicherweise doch überlebten Bauherrentag wieder aufpäppelte mit Pizza, Rotwein und hilfreichen Tips. Letztere konnte ich zwar nicht verstehen, weil sie allesamt in dialektgefärbtem Italienisch daherkamen; aber Mario hatte unter Garantie auch schon mit Handwerkern zu tun gehabt. Denn egal, was er auch immer sagte, waren stets Worte wie: Bomba! Explosiona! Finito! Camorra! Mafia! Bandito! Basta! Non parlare! oder Ammazzare! herauszuhören. Aber mir war das egal. Immerhin war Mario während der gesamten bisherigen Bauphase der einzige Mensch, der sich in einer völlig fremden Sprache an mich richten konnte, ohne daß nach meiner Antwort eine weiße Wand blau, eine Edelstahltreppe normalgestählt oder mein Traumbad zum Alptraum geworden wäre. Ohne daß ein unüberlegtes, müdes „ja" gleich

2.000 Mark Mehrkosten und sechs Monate Bauverzögerung mit sich brachte. Schlimmstenfalls ein weiteres Glas Wein auf den Tisch.
Das hat schon was: Eine Pizza, die beim Bestellen dreizehn Mark kostet, dann wie erwartet kommt, und schmeckt, und nachher immer noch denselben Preis hat. Das ist für einen Menschen, der vorübergehend, aber täglich, mit Handwerkern zu tun hat, ein immer wieder Verwunderung auslösendes kleines Wunder, welches ihn schwach an die ihm eingepflanzten moralischen Grundwerte vergangener Zeiten erinnert.

Als ich zum ersten Mal zur von Mario genannten Zeit in seine Kneipe kam, ins Nebenzimmer trat und mich an den Stammtisch der Bauherren setzen wollte, zogen einige von ihnen rasch Hämmer, Schraubenzieher, Meterstäbe, Traufeln, Schaufeln, Muffen und andere Heimwerkerwaffen aus ihren Taschen und begannen mit jedem Meter, den ich mich ihnen näherte, bedrohlicher damit in der Luft umherzufuchteln. Ganz klar: Die hielten mich für einen der Gegenseite, dachten, ich sei Plattenleger (72 Mark pro Quadratmeter, am Samstag und kein Wort zu meinem Chef) oder gar ein Abspritzer (Silikonfuge zwölf Mark pro Meter, Silikon stellen Sie, am Samstag und kein Wort zu meinem Chef).
Ich tat das einzig Richtige: Gegenwärtig und blitzschnell zog ich meinen Bauplan, den ich immer in der Innentasche hatte. Denn folgende Vison kann jederzeit und immer wieder wahr werden:
Als Bauherr diskutierst Du gerade mit einem Handwerker, der selbständig eine vom Plan abweichende Individuallösung gefunden und sofort begeistert umgesetzt hat. Eine Lösung, die mehr Platz verbraucht, etwas mehr Material verschluckt und den Arbeitsaufwand verdoppelt hat, die natürlich nicht so lange hält

und nur ohne jedwede Garantie ausgeführt werden konnte, die, zugegeben, häßlich aussieht, aber: sich viel leichter putzen läßt.

Diese Argumentation treibt Dich naßschäumend wie ein Schmuseschaumbad und schweißperltropfend wie ein geladener Kieslaster auf die Straße, wo Du einen veitstanzähnlichen pseudoepileptischen Anfall durchstehst. Einer Deiner bekloppten Nachbarn, so ein jung-dynamischer Neureich-Juppie, der selbst nie gebaut hat und deshalb auch keine Ahnung hat, ruft die Polizei wegen einer „nicht angemeldeten Demonstration von schätzungsweise 250 Kurden, die auf der Straße aller Wahrscheinlichkeit nach einen Regentanz zur Befreiung Palästinas aufführen – kommen Sie schnell!" Jungjuppies haben weder Ahnung vom Bauen noch von Politik.

Kurz: Die Polizei bringt Dich direkt in die psychiatrische Landesklinik nach Winnenden. Sobald Du Dich dort ausgetobt hast, schiebst Du Deinen Bauplan, den Roten Punkt – (Einschub: Liebe mitlesende Jungjuppies: Beim Roten Punkt handelt es sich keinesfalls um ein Umweltzeichen für ein besonders gutes Recyclingprodukt aus der Hygieneartikelbranche, sondern um die allgemein übliche Baugenehmigung! Und wenn Ihr nochmal die Polizei ruft, bloß weil Euer Nachbar seine inneren Angelegenheiten, wie eine Baudiskussion mit seinem Handwerker, ein bißchen auf die Straße hinausträgt, hetzte ich Euch meinen Schlosser auf den Hals! Oder meinen Gipser! Ihr Fertigbau-Chauvis! Einschub Ende) – Nochmal: Du schiebst Bauplan, Baugenehmigung und Personalausweis unter der Gummitüre Deiner Gummizelle durch – und dreißig Minuten später bist Du wieder draußen. In Deinem eigenen Bau.

„Wir konnten ja nicht wissen, daß Sie eine Privatklinik betreiben!" sagte einer der Pfleger einmal zu mir.

Ein anderes Mal begleitete mich ein Pfleger heim, um sich anzuschauen, wie ich das Abwasserproblem mit meiner Fäkalienhebepumpe gelöst habe. Ich muß im Anfall immer wieder davon gesprochen haben, kann mich selber aber nur erinnern, immerzu „Scheiße!" gerufen zu haben. Wahrscheinlich hat es der Pfleger des öfteren mit Bauanfällen zu tun und assoziiert hinter jedem Kraftausdruck bereits das dazugehörige Bauproblem.

Jedenfalls: Meine Lösung mit der Hebepumpe und dem Rückschlußventil hat ihm so gut gefallen, daß er diese Idee bei sich auf die gleiche Weise umsetzen wollte. „Sowas mach' ich selbst. Ohne Handwerker!", höre ich ihn noch sagen. Er hat es dann wohl doch mit Handwerkern gemacht. Denn vor etwa vier Wochen wurde er in Winnenden eingewiesen. Einzelzelle. Ich besuche ihn dann und wann und bringe ihm Fotos mit. Von meiner Baustelle.

Jetzt verstehen Sie, warum ich meine Identitätspapiere stets bei mir führe: Roter Punkt, Bauplan mit meinem Namen, Personalausweis mit Foto.

Ich warf also alles elegant auf den Stammtisch im Hinterzimmer des La Casa', um den die geifernden, lynchwilligen Bauherren und -herrinnen mordbereit saßen. Sie stürzten sich darauf wie Krokodile im Freigehege auf tote Fleischbrocken. Jeder wollte es selbst anfassen, 23 gaffende Augenpaare suchten die Dokumente fieberhaft nach einem offensichtlichen Beweis für eine mögliche Fälschung ab.

Dann, endlich, in das unheilvolle, schmatzende, schabende, zischende, raschelnde, schwer atmende Schweigen hinein, das erlösende Wort des Stammtisch-Gruppensprechers: „Die Papiere sind echt, der Junge ist sauber. Er ist einer von uns." Großes Hallo, echte Tränen, tausend Küsse auf Mund und Wange. Jetzt

galt es nur noch, das geheime Bauherrenritual durchzustehen: 200 Gramm Zement, 200 Gramm Flußsand und 150 mittelgroße Tapeziernägel in einem halben Liter abgestandenem Bier breiig aufgelöst unter dem rhythmischen Johlen der Sekte ex und hopp hinunterstürzen, um danach, ohne noch einmal Luft zu holen, in die Hymne einzustimmen. 23 Kehlen, auf tiefstmögliche Stimmfrequenz herabgedimmt, brummeln mit Dir drohend im Chor:
„Es wird kommen der Tag, da tiefe Rezession das Baugewerbe erfaßt und die Handwerkerszunft allerorten wird leiden bittere Not. Und sie werden kommen, ein jeder zu seinem Bauherrn, um für sich zu erbitten einen Auftrag. Und groß wird sein der Zorn des Bauherren. Mit mächtiger Hand wird er herunterhandeln den Stundenlohn auf zehn Mark und wird zahlen erst nach Erstellen der Arbeit und wird gnadenlos ahnden Mängel und Schludrigkeit. Und es wird sein bei den Handwerkern ein Heulen und Zähneklappern ewiglich. Sack Zement."

Doch eigentlich wollte ich ja meinen Verleger zurückrufen. Dazu muß ich entspannt sein. Ihr Einverständnis voraussetzend, werter Leser, werde ich zuerst ein wenig in der Tageszeitung blättern...

„90% aller Politker korrupt? Ich behaupte das Gegenteil: 10% von ihnen sind nicht bestechlich!"

Heute schon Zeitung gelesen?

Haben Sie? Schauen Sie mal rein. Hier zum Beispiel steht:
„Nachbetrachung Kurdenkrieg der Türkei im Nordirak"

Erinnern Sie sich? Die Türkei ist im April 1995 in den Nordirak einmarschiert, um dort erst die Kurdenfrage endgültig endzulösen und danach die Demokratie wieder... nein, sagen wir: erst mal überhaupt herzustellen.
Diese Vorgehensweise hat uns Deutschen nicht gefallen!
Der Außenkinkel ist sofort auf alle Barrikaden geklettert und hat gesagt: Der Krieg gegen die Kurden muß beendet werden. Und zwar sofort! Also: morgen!
Haben die gesagt: Bald.
Sagt der Kinkel: Morgen.
Sagen die: Bald.
Sagt der Kinkel: Gut.
Sonst wäre am Ende unser Natopartner, die Türkei, gar noch eingeschnappt gewesen! Und was dann? Neinnein, da hat sich der Kinkel doch lieber türken lassen. Der türkische Außenminister kam dafür sogar extra nach Deutschland geflogen, der, wie hieß er gleich nochmal, Ilügnie, oder so, er und die Ilona Staller... Stiller... Ciller, die haben dann dem Kinkel hoch und heilig versprochen, in Kürze sei sowieso alles vorbei. Hat der Kinkel gemeint, die meinen den

Kurdenkrieg. Aber die meinten: Bis dahin haben wir alle Kurden gekriegt!

Außerdem, so sagten die, würden im rein verteidigend gemeinten Angriffskrieg gegen die Kurden entgegen aller Vorwürfe keinerlei deutsche, sondern nur amerikanische Waffen verwendet. Dafür hätten sie sogar Beweise! Alle Panzer seien extra einzeln und gut sichtbar markiert worden, um zu belegen: die Türkei bezieht Waffen NUR VON AMERIKA, kurz NVA.

Und der Kinkel hat das glauben müssen!
Denn seine FDP war bei den letzten Wahlen nur deshalb wieder in die Parlamente gekommen, weil sie von der CDU einen Stimmenkredit aufgenommen hat. Allerdings glaube ich, daß der Wähler die FDP nie fallen lassen würde! Die belämmerten Gesichter der Liberalgrößen nach der Wahl und vor der Kamera sind so unglaublich erheiternd, daß sie der Wähler immer wieder sehen will. Also wählt er die FDP rein, um sie das nächste Mal wieder rauswählen zu können. Und freut sich auf die dämlich langen Gesichter nach der Wahl vor der Kamera wie ein kleiner Wählerkönig. Huchgottchen, Demokratie hat auch wirklich ihre schönen Seiten!

Der Kohl und seine CDU, die sind bei der Bundestagswahl im Oktober 1994 aufgrund ihres Wahlplakates vom Wähler wieder bestätigt worden. Natürlich! 1994 hatten wir ja einen reinen Wahlkampf der Plakate! Erinnern Sie sich? Die hatten das Plakat, auf dem man Helmut Kohl die Brille weggenommen hatte. Und der kniff darob die Augen zusammen und zeigte auf den Betrachter. Dich und mich. Mit dem Finger. Verkrampft lächelnd. Und hat völlig irritiert gefragt:

"Wo st dr Ftogrff, wo?"
Und der hat just in diesem Augenblick abgedrückt. Ich meine den Auslöser!
Eigentlicher Auslöser für die Wiederwahl durch König Wähler war der Wahlspruch. Unten. Am Plakat. Direkt unter Kohl. Dort stand: "Es geht um Deutschland." Wie ich das gelesen hatte, ging mir ein Licht auf! "Um Dtschlnd!" Ich hatte zuvor immer gedacht, am 16. Oktober 1994 ginge es um die Thunfischfangquoten vor der spanischen Küste! Aber nein, dank CDU habe ich begriffen: Es ging tatsächlich um Deutschland! Die CDU hätte ja den Platz unter dem Plakat auch mißbrauchen können! Mit falschen Versprechungen! Oder gar Wählererpressung: "Wähl' mich, Du Sau!" Aber weit gefehlt: Ihr ging es um politische Botschaften! Und das hat der Wähler letztendlich honoriert!

Die FDP dagegen hat völlig übertrieben und geschrieben "Es geht um alles!" Nun gut, wenn fünf Prozent alles ist!
Auch die SPD hatte ein Plakat. Mit Scharping drauf. Überlebensgroß, also, ein Meter fünfundvierzig, und darüber stand: "Kanzlerwechsel". Mehr nicht. "Kanzlerwechsel". Scharping wollte damals, daß Kanzler Kohl ausgewechselt werde, soviel steht mittlerweile fest. Nur, wen er sich damals als neuen Kanzler vorstellen konnte, hat er bis zum Ende nicht richtig formuliert. Gegen Schluß dann, sechs Wochen vor der Wahl, kamen die gleich zu dritt: Scharping, Schröder und Lafontaine. Am Ende haben die sich einfach gesagt: "Kommt, der Kanzlersessel ist so breit, da passen wir locker zu dritt drauf!"

Die Republikaner hatten das wirksamste Plakat. Versehen mit der Aufschrift: Asylbetrüger nach Hause.

Der das lesende Wähler fragte sich schockiert: „Was? Zu mir? Nö!" Was hätte man da Geld sparen können! Wieviele Millionen haben doch die ganzen Aufklärungskampagnen gegen die braune Gefahr gekostet? Und dann läßt man die einfach einmal einen Wahlslogan selbst formulieren. Und zack: schon sind sie weg!

DIE LOGIK DES MALERS

Ich sollte mit meinem Verleger reden. Ihm sagen, daß ich unter den bei mir herrschenden Umständen in keinem Fall ein Buch schreiben kann. Wann bitte und wie bitte soll ich das denn hinkriegen? Selbstverständlich ist sowas zu schaffen: Wenn man den Rücken frei, allen anderen Kram weit von sich gewiesen und für freie Sicht auf's Mittelmeer gesorgt hat. Wenn man ganz nach dem Motto des intellektuellen „Du, ich muß ein Buch schreiben und dazu muß ich immer total Abstand haben und so!" einen sechs- bis achtwöchigen Urlaub bei Herrn Waigel abschreiben lassen kann. Zumindest so lange, bis der Steuerprüfer kommt.
Wenn Sie bei mir gerade einen leichten, neidvollen Zorn auf meine relaxten Normalkollegen in der Schreiberzunft zu spüren glaubten, liegen Sie völlig falsch. Das ist eher schon ein schwerer, furchentiefer, wutspeichelnder Haß. Jawohl!

So kann, so will, so werde ich kein Buch schreiben. Basta. Ich werde mit meinem Verleger reden.
Ihm einen anderen Vorschlag machen: Er soll einfach verstärkt für mein anderes bei Bleicher erschienenes Buch, den „Sonntag im Staatlichen Fundamt für peinliche Verluste", werben. Ein, wie ich finde, sehr schönes Buch. Im Januar 1995 in die Dritte Auflage gekommen. Mit einem Vorwort von Alfred Biolek. Dieses Buch ist mit viel Liebe entstanden. Und mit noch mehr Zeit und Ruhe geschrieben. Ein eigenständiges

Werk. In sich geschlossen. Für mich, für Dich, für alle.
Er könnte es zusätzlich als Taschenbuch dem DTV
anbieten! Im Paket, mit der CD, verkaufen wir es dann
noch ein paar zehntausendmal, und allen ist gedient.
Der Umsatz läuft, der Rubel rollt.
Und ich kann erstmal in Ruhe umbauen.

Ich sollte mit meinem Verleger reden. Er versteht
mich: Schließlich ist er auch ein Linker. Und wir
Linken haben nicht umsonst eine ausgesprochene
Gesprächskultur. Die mit abnehmenden Umsätzen
zunimmt. In dem Maße wie die Umsätze dann zu-
nehmen, hört das Reden wieder auf. Während der
Rechte...

Doch da fällt mir ein, daß es seit dem Zusammenbruch des Kommunismus links und rechts nicht mehr
gibt. Daß sich vielmehr links inzwischen rechts und
rechts dafür links einordnen läßt und sich obendrein
beide nicht mehr zuordnen lassen. Um da überhaupt
noch Ordnung ohne Ordnungskräfte schaffen zu können, kommen wir an einem kleinen Definitions-
einschub nicht vorbei:

Die rechten, also richtigen Rechten, sind Faschos.
Oder Skins. Aber die sind nicht rechts, sondern blöd.
Die kennen kein Programm, sondern nur ein Pogrom.
Die normalen Rechten sind die Konservativen, sitzen
also in der CDU. Die progressiven Rechten sind zwar
auch konservativ, sitzen aber im linken Spektrum der
CDU oder im rechten der SPD. Die wertkonservativen
Linken dagegen sitzen im Zentrum der SPD. Rechts
von ihnen hocken die stockkonservativen Linken, die
eine nahtlose Schnittmenge mit den progressiven
Rechten der CDU bilden. Ganz links bei der SPD sitzt
dann der linke Flügel, die linken Linken, also die

Linken, die quasi wiederum mit den konservativen Grünen oder dem karrieregeilen PDS-Flügel viel gemeinsam haben. Um es kurz zu machen: Wir reden bei unserer folgenden Rechts-Links-Betrachtung über die etwa 95% starke Masse zwischen Normal-Rechten (gerade noch CDU) und Links-Linken (gerade noch SPD), die wir der Einfachheit halber „Stinklangweilige Normalmitte" (SNM) nennen wollen.

Während also die Rechten innerhalb der SNM ihr Dasein über Umsätze definieren, definiert sie der Linke über guten Wein, gute Bücher, interessante Leute, tolle Gespräche und diverse kulturelle Geheimtips. Und die Umsätze? „Ach weißt Du, es geht so. Geld ist nicht alles. Aber, ohne Geld ist alles nichts, haha. Nee, laß' mal gut sein: Geld ist doch nur solange ein Thema, solange man es nicht hat. Ich meine, ich hab' keine furchtbar hohen Ansprüche, aber meine mittleren, die kann ich schon ganz gut finanzieren, verstehst Du? Und einen Porsche will ich heute immer noch nicht fahren; ich würde mich immer noch dafür schämen. Solange liegt die Zeit als demonstrierender Student schließlich auch nicht zurück. Aber jetzt probier' mal einen Schluck von diesem Roten. Den hab ich letzte Woche geholt. Da hat mir ein Freund einen kleinen, völlig unbekannten Weinerzeuger in der Toskana vermittelt, ein echter Insidertip..."

Und schon haben wir unseren Linken beim Lügen erwischt.
Natürlich möchte er einen Porsche fahren! Jeder, der sagt, er möchte lieber keinen Porsche fahren, möchte einen Porsche fahren! Wer nämlich wirklich keinen Porsche fahren möchte, der fährt einfach keinen!

Wer einen fahren möchte und in der CDU ist, der fährt ihn einfach. Mit stolzgeschwellter Brust. Wer hingegen als SPD-Mitglied einen fahren möchte, sagt kurzerhand, daß er immer noch keinen fahren wolle. Und kauft sich einen Lancia. Mit vom Tune-up-Service eingebautem 280 PS-Motor. „Das muß aber unter uns beiben!" kriegt der Obertechniker neben dem 500-Markschein in die Hand noch hinters Ohr geschrieben.
Im Urlaub lernt unser LL (Lancialinker) dann manchmal einen CDUler mit Porsche kennen, leiht sich dessen Auto für einen kurzen Inseltörn aus und jagt dann das Sportwägelchen im ersten Gang mit achtzig die Serpentinen hoch. Bei der Rückgabe des abgekochten Wagens urteilt er: „Ist ja schon eine tolle Spinnerei, aber natürlich völlig unvernünftig und ökologisch untragbar! Tut mir leid, das so offen sagen zu müssen!" Dem CDUler tut das ganz und gar nicht leid. Er weiß wieder, daß es doch Unterschiede zwischen der SPD und seiner Partei gibt und nimmt sich vor, im nächsten Wahlkampf noch stärker für Freiheit statt Sozialismus zu kämpfen.

Mein Maler hat mir heute erklärt, die Konservativen seien ehrlich blöd und die Sozis seien verklemmt blöd. Seine intellektuelle Art der politischen Betrachtung hat mich schwer beeindruckt.
Ich versuchte, um politisch mitzuhalten, ihm meine Einschätzung von links und rechts, von SPD und CDU sowie der von mir erfundenen „Stinklangweiligen Normalmitte", kurz SNM, zu verdeutlichen. Er hörte mir sehr aufmerksam zu, was bei einem Stundensatz von 72 Mark auch nicht zuviel verlangt ist. Trotzdem hatte ich Bedenken, ob er alles verstanden habe. „Ist doch logisch, oder?" fragte ich, um ihn zu prüfen. Darauf mein Maler: „Logisch. Da kenn' ich einen

guten Witz: Treffen sich zwei Freunde, Bernd und Peter, nach langer Zeit wieder. Peter ist schick und teuer gekleidet, mundgeblasenen Anzug von Bössle, und macht einen gebildeten Eindruck. Auf Bernds anerkennende Frage nach dem allgemeinen Befinden erhält er zur Auskunft, Peter sei inzwischen Professor für Logik geworden und verdiene damit ein Schweinegeld. Wie er sich das vorzustellen habe, fragt Bernd.
Peter: „Ganz einfach. Paß auf: Hast Du einen Hund?"
Bernd: „Ja!"
Peter: „Also bist Du logischerweise tierlieb. Hast Du eine Frau?"
Bernd: „Ja!"
Peter: „Also bist Du nicht homosexuell. Das ist Logik. Tschüß, mein Lieber!"
Spricht's und entschwindet. Bernd bleibt verdutzt zurück, als Klaus vorbeikommt.
Klaus: „Was ist denn mit Dir los?"
Bernd: „Ich habe gerade Peter getroffen. Der ist Logikprofessor geworden und hat mir erklärt, wie Logik funktioniert."
Klaus: „Wie denn?"
Bernd: „Paß auf, Klaus. Hast Du einen Hund?"
Klaus: „Nö."
Bernd (empört): „Du schwule Sau!"

Ich weiß, der Witz ist minderheitenfeindlich. Ich wollte Ihnen damit doch nur dokumentieren, wie einfach mein Maler sein Geld verdient! Der widmete sich danach wieder seiner Arbeit, meine Wohnzimmerwand zu streichen. Hellblau! Weiß war vereinbart gewesen. Ich sagte nichts. Ich bin doch nicht verrückt und rede meinem Maler rein! Nachher geht er und kommt nie wieder!
Ganz, ganz vorsichtig habe ich ihn später dann doch gefragt, ob das Weiß nicht ein bißchen bläulich raus-

komme. „Klar!", sagte er in einem Ton, in dem man versucht, einem schwachsinnigen Meerschweinchen die Grundlagen der Algebra zu vermitteln. „Klar kommt das Weiß bläulich raus! Es ist nämlich nicht Weiß, sondern Hellblau." Gut, es käme ein bißchen teurer, erklärte er, weil mit Hellblau zwei Anstriche nicht ausreichen würden. Auch sei die Farbe an sich teurer, weil dieses spezielle Hellblau nur in wasserfester, abwaschbarer Qualität zu haben sei. Das mache zwar nur in Badezimmern Sinn, hier im Wohnzimmer sei die Ausgabe etwas übertrieben, aber wenn es unbedingt dieses Hellblau hätte gewesen sein müssen, dann müsse man als Hausherr eben etwas drauflegen. Ich gab, gegen die aufkommende Übelkeit ankämpfend, zu bedenken, daß dieses Baby-Hellblau in keinster Weise zu meinen Möbeln passe. Tja, sagte mein Maler da, das habe er sich auch schon gedacht. Aber Geschmack sei nun mal Glücksache. Damit gab er mir den Pinsel in die Hand und entschwand mit einem „16-Uhr-Feierabend"-Gruß freundlich zur Türe.

Ich wasche den Pinsel aus und gehe zu Mario.
Pizza essen.
Es ist zwar erst kurz vor drei, aber vielleicht hat er ein Nachsehen und wirft den Ofen frühzeitiger an. Und danach rufe ich meinen Verleger an.
Und setze mich durch.

Es stand geschrieben...

*Titelstory. „Helmut Kohl – Machtwunder".
Und dazu das Portrait Kohls – auf Doppelseite.
Klar, Doppelseite: soll ja reinpassen!
Es ist aber auch wirklich fast unglaublich, wie sich der Kohl all die Jahre hindurch an der Macht halten konnte. Das größte Wunder für mich, ich habe es schon erwähnt, war ja die erneute Bestätigung durch den Wähler bei der Bundestagswahl im Oktober 1994.
Dabei hat das ja anfangs ganz anders ausgesehen: Noch ein halbes Jahr vor der Wahl war der Kohl umfragenpolitisch unglaublich im Keller! Damals hat sogar der Biedenkopf gesagt, Kohl verliere die Wahl. Biedenkopf! Der war nicht etwa SPD-Maulwurf bei den Konservativen! Sondern CDU-Mitglied! Nach der Wahl war dann rasch wieder alles beim alten; und wer danach in der CDU wieder mal einen eigenen Biedenkopf bekam, wurde über Nacht unverblümt süßmutlos gemacht. Oder sonstwie gegeißlert. Oder anderweitig von Kohl's Seiters genommen. Für die Kritiker in den eigenen Reihen der CDU war es schon bald nach der Wahl politisch wieder zu..., wie sagt man? Genau: zu späth. Viel zu spät hat auch der Kohl damals erkannt, daß seinen Wunschkandidaten bei der Bundespräsidentenwahl schon wenig später keine Sau mehr kennen wird. Sagt Ihnen der Name: Steffen Heitmann noch was? Nein? Ich erinnere mich bloß noch daran, wie ich damals in der Zeitung folgendes gelesen habe:*

„Kohl hielt Heitmann zu lange die Stange!"
Mein lieber Sedlmayr! Aber man muß gerecht bleiben und sehen, daß es ja auch eine der schwierigsten Bundespräsidentenwahlen von allen war. Sie haben damals eben um's Verrecken einen gesucht, der vom Bildungsniveau her nicht über dem Kanzler lag! Und darunter wurde es halt eng!
Wie gesagt, Kohl lag voll im Abwärtstrend. Seine Wahlkampfmanager waren besorgt und stinkesauer! Sie wußten: Ist doch klar, Helmut Kohl, daß es abwärts geht, wenn du nichts lernst aus Amerika.
Und wie recht hatten sie! Warum wurde denn George Bush damals nicht wiedergewählt? Doch nur, weil er nicht annähernd so gut aussieht wie Clinton. Kurz, um in der Wählergunst wieder zu steigen, rieten sie Helmut Kohl, etwas für sein Äußeres zu tun. Er wollte zunächst ja auch Diät machen. Das haben Sie doch bestimmt gehört, damals, oder? Ich bitte Sie, das stand doch überall zu lesen! Er hatte sich das ganz fest vorgenommen, nachdem vier Greenpeace-Aktivisten bei einem Strandurlaub versucht hatten, ihn in tieferes Gewässer zurückzuziehen. Sie erinnern sich wieder? Ich wußte es doch!
Später entschied er sich dann gegen Gewichts-, dafür für Brillenverlust. Und machte: Politik ohne Bart und ohne Brille. Ohne Sinn sowieso. Und das hat der Wähler belohnt.
Und zum Dank hat Kohl dann gleich nach der gewonnenen Wahl wieder alles umgestellt: Die Merkel spielte plötzlich den Töpfer, der Töpfer spielte die Schwätzer und die Schwätzer spielte nicht mehr mit. Der Wähler schimpfte und sagte, die Qualität bliebe dabei auf der Strecke. Eigentlich logisch, denn wenn einer, sagen wir, sechs Jahre lang Bäcker war und der andere Schlosser, und dann kommt einer, und tauscht die Funktionen aus, dann müssen die neuen Brötchen

des eigentlichen Schlossers logischerweise klein und stahlhart sein und die Brezeln an den Nahtstellen mit Lötzinn verschweißt. Und die verlegten Rohre des eigentlichen Bäckers wiederum gehen auf und platzen. Wegen der Hefe. Und gleich haben wir einen Wasserschaden. Wie im Schürmannbau.
Andererseits brauchen wir uns als Wähler nun wirklich nicht zu beklagen! Frühere Alleinherrscher, Cäsar, Nero oder Stalin zum Beispiel, haben die Leute, die ihnen nicht mehr gepaßt haben, einfach umgebracht! Der Kohl hat das nie gemacht! Seine Minister umbringen! Er bettet sie nur immer wieder mal neu um.

Die SPD hat bei der Bundestagswahl so abgeschnitten, wie sie es am liebsten tut: dazugewinnen, dazugewinnen, dazugewinnen – aber trotzdem gerade noch verlieren. Sonst müßte sie ja auch Verantwortung überehmen! Und das geht nicht ohne jeden Mut. Und den haben sie ja komplett verloren. Dabei hat es so mutig angefangen. Und wieder gilt's verschärft nachzudenken: Wenn Sie sich nicht an Heitmann erinnern konnten, sagt Ihnen der Name Engholm erst recht nichts mehr? Stimmt's? Engholm war der Hoffnungsträger der SPD. Er ist später zurückgetreten, weil er gelogen hat. Hören Sie, das ist doch gelogen! Wenn Politiker zurücktreten, weil sie lügen. Denken Sie das mal zu Ende! Wenn das Schule machte! So ließe sich über Nacht die Hauptstadtfrage klären! Plötzlich wäre es wurst, ob Bonn oder Berlin, dann wäre sogar Strümpfelbach im Remstal politikerfrei! Und Peter Hintze, der wäre dann aber sowas von zurückgetreten. Der würde glatt in Sibirien rückwärts gegen einen Eisbären knallen!
Zweifellos hat die SPD kurz vor der Bundestagswahl 1994 einen unglaublich heftigen Keiner-mag-mich-

Komplex gekriegt. Darauf wurde sofort eine Krisensitzung beim Parlamentspsychiater abgehalten. Dessen Empfehlung: „Leute, regt Euch nicht auf, wir machen eine Selbsterfahrungsgruppe" wurde umgehend realisiert und im Kreis sitzend eine Urschreitherapie gemacht. Können Sie sich das vorstellen? Scharping bei der Urschreitherapie? Der Brunftschrei eines Karpfens ist lauter. Dann kam die Wahl und die ganze SPD war heiser.
Und litt unter Stimmverlust.

Die Grünen haben sich seit 1994 endgültig etabliert. Riskieren keine kesse Lippe mehr, reden weniger und dabei weniger mit verschiedenen Zungen, werden mehr und dabei mehr zum Zünglein an der Regierungswaage und verzeichnen Stimmenzuwächse. Stimmt schon: Sie werden immer mehr zur FDP. Ist eigentlich schon einer beim Steuerhinterziehen erwischt worden?

Kurz vor der Wahl dachte ich beim Gedanken an die FDP immerzu: „Guck an, das wird die neue APO! Die durch die Straßen rennt und die Drei-Prozent-Hürde fordert." Der Parteiname hätte dabei einen schönen Slogan abgegeben: „FDP – Für Drei Prozent". Daß die FDP schließlich auch ohne neue Hürde im Bundestag bleiben durfte, hat sie dem Kinkel zu verdanken. Der hatte nämlich erkannt, daß ein Profil her mußte und deshalb schon vor Jahren auf der Natotagung in Brüssel gesagt – nein, gefordert. Und man stelle sich nur vor: Kinkel am Rednerpult, unser Klaus, ein ganzes Männle, unter lauter Fremden (für einen Schwaben gibt's kaum Schlimmeres), also, wie gesagt, er hatte dort gefordert, in die laufenden Kameras der Welt hinein, „Der Atlantik darf nicht breiter werden!" Wahnsinn! Diese Aussage! Diese Wucht! Dieser Mut!

Das hatte bis dahin keiner zu fordern gewagt. Bis dann dieser Kinkel Klaus kam und das heiße Eisen anpackte! Da hatte der Wähler begriffen: Die FDP hat doch eine Aussage. Man kann sie wieder wählen! Bei der Landtagswahl in Bayern kam sie dann auf 2,8 Prozent. Respektables Ergebnis! Für eine Partei, die keine Sau mehr brauchte! Und bei uns in Baden-Württemberg stand sogar ein regelrechtes FDP-Hochbürgle. Steil und schön! Hier stand das Liberale noch aus eigener Kraft da, wie ein Storch mit Meniskusschaden! Deshab findet bei uns auch immer am sechsten Januar jeden Jahres das traditionelle Drei-Königstreffen statt. Bei uns, in Stuttgart. Einmal hat dabei der Stuttgarter Fraktionschef, Walter Döring – ich weiß jetzt natürlich nicht, ob Sie den kennen, den Walter Döring? Ein gescheiter Kerle, der Döring. Blitzgescheit für einen Lehrer – also, der Döring hat gesagt: „Wenn in Bonn wieder über eine große Koalition aus CDU und SPD diskutiert wird, sage ich, ohne uns!" Schöner hätte er das gar nicht formulieren können!

Von spanischem Putz und Muttermördern

Mein Gipser schickte mich zum Baustoffhändler. Das kam bei meinen Handwerkern oft vor. Es war zwar nicht ganz korrekt, denn der betreffende Handwerker hätte sich eigentlich morgens, bevor er zu mir kommt, überlegen sollen, was er bei mir alles braucht. Dies sei jedoch, sagten meine Handwerker, gar nicht erst in Betracht zu ziehen, bei den vielen Sonderwünschen, die ich laufend einbrächte.
Und warum denn eigentlich die Wohnzimmerwand ausgerechnet hätte hellblau werden müssen, wollte der Gipser noch wissen. Anfangs hätte der Maler den Elektrikern noch erzählt, daß sie weiß werden würde. Und wenig später hätte er dann ordentlich unter der Umbestellung nach hellblau gestöhnt. Ich könnte froh sein, daß er nicht gleich den Pinsel in den Korn geworfen hätte, und daß er überhaupt bei mir geblieben sei, der Kollege!

Den schönsten Sonderwunsch des ganzen Baus hatte ich kurzfristig meinem Gipser auf's Auge gedrückt. Jedenfalls sah der das so.
Mein Gipser-Sonderwunsch-Putz lag am Ende einer langen detektivischen Recherche: Ich hatte meinem Freund und technischen Generaldirektor, Johannes, erklärt, wie ich mir den Putz in meinem neuen Wohnzimmer vorstellte. Wir kamen darin überein, daß der Putz so aussehe, wie ein typischer Außenputz an einem typisch spanischen Haus, weshalb wir den Wunschputz intern und ab sofort „Spanischen Putz"

nannten. Johannes hatte exakt diesen Putz im Haus eines angesehenen Rechtsanwalts gesehen. Jetzt galt es nur noch zu prüfen, ob es sich beim Putz des angesehenen Rechtsanwalts exakt um jenen original Spanischen Putz handelte, den ich gerne in meinem Wohnzimmer gesehen hätte. Das mußten wir uns ansehen. Wir schlichen uns also noch in derselben Nacht in den ansehnlichen Garten des angesehenen Anwalts und leuchteten mit der Taschenlampe ins Innere, bis wir entzückt unseren spanischen Wunschputz entdeckt hatten. Respektive, bis der Hund anschlug und uns in die Flucht jagte. Aber, wir hatten gesehen, was wir wollten. Der Spanische Putz lebt!

Im Laufe der Woche schlich ich mich unter einem Vorwand beim angesehenen Rechtsanwalt ein. Ich wollte den Putz von nahem sehen und dabei auch gleich herausfinden, wer ihn, oder wie ihn der Anwalt selbst gemacht hatte. Ich weiß nicht mehr, was ich erzählt hatte, um so schnell in seine Sprechstunde vorgelassen zu werden; doch dort angekommen, war er offensichtlich von der ersten Sekunde an von meiner gänzlichen Alleinschuld überzeugt und lehnte die Übernahme meines Falls kategorisch ab. Ich denke, es war ihm zum letzten Mal mit einem mehrfachen Muttermörder passiert, daß der Delinquent während des ersten Gesprächs mit ihm ständig ausweichend zur Seite, also zum Putz hin, blickte. Für meinen Anwalt jedenfalls war mein interessierter Putzblick ein Schuldbekenntnis in hoher Potenz. Er lehnte, wie gesagt, ab.Und zwar, wie gesagt, kategorisch.
Ich dankte ihm jedenfalls von Herzen und fragte zum Abschied ganz beiläufig, wer ihm den Putz gemacht habe. Er schaute mich höchst verwundert an. Ein „Warum, wollen Sie Ihre künftige Zelle neu verputzen lassen, haha, damit Sie's die nächsten dreißig Jahre

gemütlich haben? Nichts für ungut, junger Mann, und jetzt raus, Du mieser Muttermörder!" lag ihm schon auf der Zunge. Er begnügte sich aber mit einem verwundert-belustigten „Der Herrle, warum?"
„Ach, nur so."

Ich hatte zwei Sachen gelernt: Die erste und wichtigste war, daß Stukkateur Herrle den herrlichen Spanischen Putz verbrochen hatte. Zweitens (und dies gebe ich hiermit als Allgemeingültigkeit an die Allgemeinheit raus): Sollten Sie je Ihre Mutter morden müssen, dann beim Gespräch mit dem Anwalt nie auf den Putz schauen. Höchstens hauen.

Ich jedenfalls eilte, noch bevor mich die von meinem Anwalt informierte SoKo Muttermord festsetzen konnte – wäre ohnehin nur für wenige Stunden gewesen, ich hatte meinen Roten Punkt dabei. Sie erinnern sich – zu Herrn Herrle. „Ihr Stukkateurmeister Herrle". Chefkontakt. Herr Herrle pfiff leise durch die Zähne. „Herr Herrle, Sie haben beim Rechtsanwalt Schelling einen wunderschönen Putz gemacht!" wählte ich meinen Gesprächseinstieg.
„Waren wir das?"
„Kriegen Sie den bei mir auch hin?"
„Natürlich!"
„Und damit haben Sie den Auftrag."

Er hatte ihn.
Ergo kamen eines schönen Tages seine Gipser. Nur wenige Monate nach dem sechsmal nach hinten verschobenen, nun aber als definitiv zugesagten Termin. Etwa sechs pfeifende Gipser (Gipser pfeifen oder singen immer! Als Gesellenprüfung geht statt einem schönen Putz bestimmt auch das fehlerfreie Pfeifen einer italienischen Arie durch! Wer nicht pfeifen oder

singen kann, wird Elektriker) bauten zunächst umständlich ein großes Gerüst in mein zukünftiges Wohnzimmer und begannen die ersten Arbeitstage dann damit, pfeifend und singend einen Grundputz zu spritzen.
Was ich heute weiß: Bei meinem geliebten und gewünschten Spanischen Putz handelt es sich schlicht um einen grob verstrichenen, ebensolchen Grundputz. Welcher spanische Landarbeiter könnte sich auch einen dünn aufgetragenen Endputz auf seinem Grundputz leisten? Na? Richtig: Keiner! Deshalb kauft sich der spanische Landarbeiter ein paar Säckchen Grundputz, rührt die Masse mit Wasser an und haut sie dann, so gut er es eben kann, auf die Außenwand seines Hauses, läßt alles trocknen und hat seinen wunderbaren Spanischen Putz, den ich mir so sehr in meinen Innenraum hineinwünschte. Sagen wir: hineingewünscht hätte.

Wenn ein Gipser zunächst einen sauberen Grundputz spritzt, bereitet er sich putzmäßig auf die anschließenden, anstrengenden Arbeiten für einen ganz feinen, ziselierten, nach meinen Begriffen aber spießigen Bürgerputz vor. Doch das hätte ich früher wissen sollen. So machte ich mir keinerlei Gedanken, als die pfeifenden Gipser meinen Wohnraum um fünf Zentimeter Grundputz pro Wand singend und schmetternd verknappten, dabei Material im Tonnenbereich und Arbeitszeit im Megatonnenbereich verbrauchten. Nach wenigen Arbeitstagen (sechs Gipser schaffen was weg!) muß der Grundputz fertig gewesen sein. Meine Gipser, die längst einen Schlüssel zur Wohnung besaßen, fertigten alsdann morgens um viertel vor sieben etwa acht Endputzmuster, jeweils einen halben Quadratmeter groß, auf dem inzwischen schön ausgetrockneten Grundputz an.

Ich habe Ihnen ja schon im Zusammenhang mit dem Entstehen meiner Klagemauer ausführlich beschrieben, daß es bei einem Bühnenkabarettisten Arbeitstage gibt, die erst morgens um vier enden. Der Tag vor den Endputzmustern war ein ebensolcher.
Irgendeiner der vielen Menschen, die sich im Dunstkreis des Veranstalters tummelten, hatte just ab Mitternacht Geburtstag und plante, meinen Auftritt direkt in eine Geburtstagsparty münden zu lassen. Bei der mein technischer Generaldirektor, Johannes und ich die Überraschungsgäste waren. Und deshalb bis zum Schluß bleiben mußten.
Wäre ich alleine unterwegs gewesen, hätte ich bei einem solchen Anlaß dankbar ein Glas Orangensaft zu mir genommen, ein belegtes Brötchen gegessen und mich dann, mit dem Hinweis auf eine Migräne, die man mir als femininem Typ jederzeit abgenommen hätte, auf den frühen Weg nach Hause gemacht. Ich bin in solchen Fällen weder zimperlich noch höflich.
Ganz anders mein technischer Generaldirektor.
Johannes ist einfach ein sehr gut erzogener, höflicher Mensch. Johannes hat Stil. Er sagt immer, man könne einen Veranstalter nicht nachhaltiger beleidigen, als den Akohol abzulehnen, den er einem anbietet. Unter diesen Umständen wollte ich ihm stilmäßig in nichts nachstehen und gab mir an dem Abend gut ein Dutzend mal die Chance, meinen Veranstalter nicht zu beleidigen. Als ich später, gegen drei Uhr fünfzig, im Bett lag, wollte mein Körper nur noch eines: Schlafen, bis der Hahn ins Bett geht.

Nun begab es sich aber, daß meine Gipser, keine dreieinhalb Stunden nach dieser meiner Entscheidung, ihre Fertigputzmuster kunstvoll fertiggestellt hatten. Nachdem sie dieselben ein halbes Stündchen hatten antrocknen lassen, beschlossen sie, zwecks

Entscheidung, nunmehr den Bauherrn aufzusuchen. Das müssen Sie sich ungefähr so vorstellen: Jemand beschießt mit einem 8 Millimeter-Kleinkaliber-Mittelfingerknochen Ihre Schlafzimmertüre.
„Herr Sonntag!"
Die Schüsse trafen mich direkt im Kopf.
„Herr Sonntag, wägga dem Butz!"
Das ist schwäbisch und heißt nichts anderes als: „Komm raus, Du verpenntes Erbsöhnchen, tagsüber nichts arbeiten, nachts bis in die Puppen in den Bars rumhängen und sich dann am hellichten Morgen schlafend stellen. Raus, aber zack zack!"
Mein Papa arbeitet mit derselben Methode und versteht es ebenfalls bestens, in drei Worten eine ganze Botschaft zu verpacken. Durch meinen Papa habe ich es auch gelernt, egal wann und egal in welchem Zustand, aufzuspringen, und Wachzustand vorzutäuschen. Dank dieser harten Schule kann ich beispielsweise morgens um acht perfekte Telefongespräche mit dem freundlichen Beamten vom Finanzamt führen, ohne gegen zwölf beim Frühstück auch nur noch den Schatten einer Ahnung über den Inhalt des Gespräches zu haben. Deshalb komme ich auch oft aus dem Finanzamt raus und sage: Denen habe ich's aber gegeben!

Ich schälte mich also aus dem Bett, warf mir eine bereitwillig bereitliegende Alditüte über (was haben Sie denn neben Ihrem Bett liegen?), und folgte der froh pfeifenden Gipserschar zu den Endputzmustern.

Ich sollte Ihnen noch was zur Erläuterung sagen: Ich bin kurzsichtig. Sagen wir: stark kurzsichtig. Aber auch ohne Kontaktlinsen sah ich sofort, daß auf die Wand vor mir sechs Endputzmuster aufgebracht waren. Einschränkend gesagt: Nachdem mich die fröhli-

chen Pfeifer von der Haustüre, die ich anerkennend bestaunt hatte, weg- und zu besagten Endputzmustern hingeführt hatten. Ich sah ganz deutlich, daß sich sechs quadratische Flächen irgendwie vom gleichmäßigen Grau des Grundputzes abhoben. Aber warum taten sie das? Ich war müde und wollte weiterschlafen. Die Gipser deuteten mein Schweigen als Anerkennung.
„Welcher?"
„Wie, welcher?"
„Welchen Butz se wellet?"
„Wie, Welchenbutzsewellet? Ich habe meine Mutter nicht umgebracht!!"

Einer der Gipser hatte aufgehört zu pfeifen. Das machen Gipser immer kurz vor einer anstehenden Schlägerei. Das haben mir meine Bauherrenfreunde beim Bauherrenstammtisch erzählt. Jetzt galt es, schlagartig hellwach zu werden.
„Ach so, Sie meinen, welchen Putz ich getötet habe?"
Die Lage spitzte sich zu. Der Pfeifstopper krempelte bedächtig die Hemdsärmel hoch.
„Verstehe: Welchen Putz ich will?"
Ärmel runter. Alle pfeifen wieder. Vorerst geschafft.
„Den Spanischen!"
„Ach, Sie wellet en sponischa Butz?"
„Ja!"
„Älles klar!"

Ich schlich zurück ins Bett, kuschelte mich behaglich in meine Alditüte und schlief wieder ein. Gipser, die so schnell wissen, was ein Spanischer Putz ist, wissen genau, was ein Spanischer Putz ist. Dachte ich.
Meine Gipser taten also wie geheißen.
Sie schleppten in den nächsten Tagen (ich war für mehrere Tage auf Gastspielreise, aber sie hatten ja

einen Schlüssel) Tonnen von Endputzpulversäcken in mein Wohnzimmer, rührten das Endputzpulver mit Wasser an und warfen einen gut sechs Zentimeter dicken Endputz (spanisch!) auf meinen bereits fünf Zentimeter dicken Grundputz.

Nach sechs Tagen waren sie fertig.

Ich auch. Als ich nach ebendiesen sechs Tagen wieder heimkam, wußte ich, wie sich schwäbisch pfeifende Gipser einen spanischen Endputz vorstellen: Er sieht so aus, als hätte ein krachlederner Tiroler im Wutanfall Tausende von gipsernen Germknödeln an die Wand geworfen. Sebastian, einer meiner Techniker, bemerkte den Putz als erster. Noch im prustenden Fallen stieß er stakkatokreischend aus: „Lauter Titten! Haha! Ein Tiroler Barock-Brüstchen-Putz! Ich lach' mich krank!"

Ich bin ein vornehmer, zurückhaltender, wohlerzogener Mensch. Ich lasse mich nicht auf so eine billige Ebene herabziehen. Ich beäugte den Putz, analysierte die Situation, wog ab, dachte nach, entschied kurz und klar, wie ein Mann, mannhaft, und sagte schlicht, trocken und gelassen: „Scheiße! So eine Kacke! Das sieht ja beschissen aus! Oh nein, verdammt, diese Idioten!"

Ich ging zu Herrn Herrle. „Ihr Stukkateurmeister Herrle". Chefkontakt. Herr Herrle pfiff leise durch die Zähne.

„Herr Herrle, ich wollte einen Spanischen Putz! Wie beim Rechtsanwalt Schelling!"

„Haben Sie doch gekriegt!"

„Nein!"

„Doch!"

Herr Herrle hatte aufgehört zu pfeifen.

„Ich habe meinen Gipsern ausdrücklich gesagt: Der

Herr Sonntag muß den Putz abnehmen! Und die haben Sie dann extra geweckt und Sie haben ja gesagt!"
Ich wollte zunächst nur, daß er wieder pfeift.
„Herr Herrle, Sie haben ja im Prinzip recht!"
„Ich habe ganz recht!"
„Ja, gewissermaßen haben Sie ganz recht."
„Warum gewissermaßen?"
„Sie haben ja ganz recht!"

Er pfiff.
Herr Herrle ist ein anständiger Mann. Man kann das Ding retten, sagte er. Seine Männer müssten eben wieder einen Grundputz über den Endputz auftragen. Allerdings acht Zentimeter dick, weil man ja die großen Putzhügel, die ich ausdrücklich gewünscht hätte, überdecken müsse. Das Material dafür müsse ich bezahlen, die Arbeitsstunden auch. Den Mehraufwand, den der überdicke Grundputz mit sich bringe aber, den erlasse er mir.
Ich war gerührt.
Allerdings könne das nicht sofort geschehen, schränkte er ein, weil er nun andere Aufträge habe. Zwei Wochen müsse ich mich schon noch gedulden! Ich fiel ihm um den Hals und küßte ihn leidenschaftlich. Er wehrte mich sanft ab und schob mich zur Tür hinaus.

Hüpfend und pfeifend machte ich mich auf den Heimweg. Zwei Wochen, hatte er gesagt! Ich wußte nun also, daß in einem halben Jahr mein insgesamt zwanzig Zentimeter dicker Wohnzimmerputz fertig sein würde.

Das muß man sich erst mal leisten können! Einen Zweizentimeterputz auf das Zehnfache hochzoomen! Das ist Putzdoping, wie es schöner nicht sein kann! Understatement englischer Güte! Dafür nahm ich gerne in Kauf, daß ich durch die Aktion gut zwölf Quadratmeter Wohnfläche verloren habe! Daß einige genau abgemessene Möbel nun nicht mehr in die Wohnung paßten! Daß der Putz auch noch den Etat für den Schlosser aufgefressen hat! Macht doch nichts! Der Schlosser muß ohnehin schon längst von dem Geld bezahlt werden, das eigentlich für den Elektriker bestimmt war! Hauptsache ich habe doch noch meinen Spanischen Putz bekommen.

Heute, ein Jahr später, muß ich zugeben: so ganz spanisch ist der Grundputz über dem Endputz über dem Grundputz doch nicht geworden! Er ist eigentlich immer noch ein Tiroler Semmelputz. Aber nicht mehr ganz so ausgeprägt wie vorher! Außerdem habe ich mich längst daran gewöhnt. Und zum Himmelblau des Malers paßt der Putz ganz hervorrragend! Ein richtig Spanischer Putz hätte zu der ekligen Farbe gar nicht gepaßt.

Eigentlich wollte ich Ihnen ja erzählen, wie mich mein Gipser zum Baustoffhändler geschickt hat. Doch dazu später. Auch den Anruf mit meinen Verleger muß ich aufschieben, hat mich doch eben ein Spezialzeitschriften-Verlag voll erwischt. Die waren irgendwie fehlinformiert und dachten, ich sei ein Kabarettist, der Aufträge annimmt und sich auch noch darüber freut.
Ich bin Bauherr! Der Aufträge vergibt und sich ärgert! Aber das konnte ich denen nicht sagen. Denn als das Telefon klingelte, haben meine Handwerker geschlossen sofort ihre Arbeit niedergelegt, um konzentriert meinem Gespräch zuhören zu können. Um ja nichts zu versäumen, hat der Malergeselle sogar sein schepperndes Radio leisergedreht.
Ich habe den Auftrag angenommen.

Meine Handwerker dürfen keine Schwäche an mir bemerken. Sonst fallen sie über mich her und zerfleischen mich gnadenlos. Das hat mir neulich ein Dompteur erzählt, der seinen Hobbyraum umbauen ließ.
Also schreibe ich jetzt eine kurze Satire für das Sonderheft über Stuttgart. Zum Thema Kehrwoche. Ich werde mir genügend Zeit dafür nehmen. Und solange auch keine Wände mehr vermessen. Und keine Pinsel auswaschen. Höchstens mal den Müll wegbringen. Oder meine Kehrwoche machen.

WILDE FEGER

Obwohl es sie offiziell gar nicht mehr gibt, hängt sie über Stuttgart, wie weiland das Schwert über dem guten Damokles: die Kehrwoche.
Sie frißt sich in regelmäßigem Turnus durchs Haus: Von unten links (Kübler) bis oben rechts (Schwegler) wechselt Woche für Woche ein Kainsmal von Tür zu Tür. Es stellt Kutterschaufel und Kehrwisch, zu deutsch: Minibesen und Miniaturschaufel dar, mal aus Holz, mal aus Plastik, zuweilen Makramee-umkränzt. Darunter, oft handgeschrieben, die unverhüllte und unheilvolle Drohung: „Kehrwoche! Du bist dran!"

Wenn Du sie hast, hat sie Dich: Eine Woche lang bist Du für die Sauberkeit von Treppenhaus, Treppe, Geländer, Briefkästen, Eingangsbereich, Klingelanlage, Gartenzaun, Gehweg, Kandel, zu deutsch: Rinnstein und für den auszuseifenden Innenbereich des hauseigenen Mülleimers verantwortlich.

Zwar reicht es mitunter, im Treppenhaus putzähnlichen Lärm zu veranstalten, etwas aprilfrischen Zitronenduft zu verströmen und die Fußabstreifer für geraume Zeit auf die Simse hochzulegen, ganz so, als habe man darunter naß gewischt.
Doch der soziale Druck ist schier unerträglich: Wenn Du beispielsweise nächtens aus dem Kino wiederkommst und der Wind die zuvor weggekehrten Herbstblätter schon wieder vor den Eingang geblasen hat,

spürst Du sofort tausend Blicke hinter verschlossenen Fenstern, die sich wie Giftpfeile in Dein schmutziges Ehrgefühl bohren und Deine Schande ins Unermeßliche steigern. Wie konntest Du auch ausgehen, solange Du Kehrwoche hast!

So kommt es übrigens, daß Spötter behaupten, im typischen Stuttgarter Hauseingang befänden sich weniger Viren, Milben und Bakterien als in jedem hanseatischen Operationssaal. Das ist natürlich reine Spekulation. Daß aber einige Stuttgarter Unterführungen allabendlich naß schamponiert werden, bestätigt Stadtreinigungschef Heinz-Dieter Junginger auf Anfrage gern und nachdrücklich.

Ob es tatsächlich stimme, daß Stuttgart eine spezielle Kaugummi-Abkratz-Maschine habe erfinden lassen, um gezielt gegen die dunklen Bodenflecken vorgehen zu können? „Nein! Nein!" Junginger lacht. „Die werden notfalls von Hand abgescherrt!" Not macht selbst Schwaben erfinderisch.
Notwendig auch, daß alle wissen: Es macht dem Stuttgarter weit weniger aus, als gemeinhin angenommen, wenn die Reing'schmeckten nach einer Woche schon genug haben, und behaupten, man könne, was Stuttgart angehe, nur hineingeboren sein oder durchfahren und dann flugs das Weite suchen.

Akzeptiert, gern sogar. Denn dann haben wir unsere Ruhe und müssen keinem nachputzen. Und Stuttgart bleibt sauber.

Gipsbürste, Baustoffhändler und Bauherrenmodell

Mein Gipser schickte mich zum Baustoffhändler. Das kam bei meinen Handwerkern oft vor. Es war zwar nicht ganz korrekt, denn der betreffende Handwerker hätte sich eigentlich morgens, bevor er zu mir kommt, überlegen sollen, was er bei mir alles braucht. Dies sei jedoch, sagten meine Handwerker, gar nicht erst in Betracht zu ziehen, bei den vielen Sonderwünschen, die ich laufend einbrächte.
Und warum denn eigentlich die Wohnzimmerwand ausgerechnet hellblau hätte werden müssen, wollte der Gipser noch wissen. Anfangs hätte der Maler den Elektrikern noch erzählt, daß sie weiß werden würde. Und wenig später hätte er dann ordentlich unter der Umbestellung...

Das kennen Sie schon?
Ja, was meinen Sie denn, wie oft ich einen neuen Putz bekommen habe? Ohne zu murren?

Ich mußte also zum Baustoffhändler.
Er heißt Klotz.
Was ich holen sollte, ist denkbar einfach: Eine Gipserbürste. (Welche? Die, die alle Gipser immer nehmen. Es gibt nur eine, die wirklich gut ist. Das wissen die dann schon), einen Sack MB 60 und drei Abschlußleisten für Außenkanten, feuerverzinkt, dreinoppig verfräst mit Innenhaken, aber die kurzen, nicht die langen.

Ob die einen Namen hätten? Eine genaue Bezeichnung?
„Neinnein, die heißen Abschlußleisten für Außenkanten, feuerverzinkt, dreinoppig verfräst mit Innenhaken, das wissen die dann schon.
Aber die kurzen!"
Aha!

Beim Baustoffhändler waren zwei Warteschlangen. Eine rechts, eine links. An der linken warteten etwa zehn Kunden, an der rechten sechs.
Klar, daß ich mich rechts anstellte. Schnell mußte es gehen! Sechs Gipser, die zuhause pfeifend auf Material warten, um weiterarbeiten zu können, machen Dir unmißverständlich klar, was Zeit bedeutet. Man erwischt sich als Bauherr schon mal dabei, alle Zeitabläufe am Stundenlohn eines Handwerkers zu messen. Oder dabei, konzentriert mit einem Ohr an der Uhr zu hängen, während der Maler seine Meinung zur aktuellen politischen Lage erläutert, und dabei, um seinen Aussagen mehr Gewicht zu verleihen, die Arbeit demonstrativ ruhen läßt: Bei zweiundsiebzig Mark Stundenlohn fallen automatisch zwei Pfennige pro Sekunde in seine Sparbüchse!
Und Du bist es, der sie da reinwirft! Sein Sparschwein ist ein Bauherrenmodell! Zwei Pfennige in der Sekunde. Das sind hundertzwanzig Pfennige in der Minute! Und mein Maler spricht noch langsamer, als er Wände streicht! Und er streicht Wände unglaublich langsam! Wenn er dann im Anschluß an die Politik einen Witz erzählt, legt auch sein Geselle den Pinsel beiseite und hört ehrerbietig zu! Dann rasselt's aber im Schwein! Drei Pfennige pro Sekunde! Da ist jede Peepshow billiger!
Sechs wartende Gipser erhöhen den erhöhten Bauherren-Peepshow-Tarif gar auf sieben Mark zwanzig pro

Minute! Das ist noch schlimmer, als mit zwei Telefonen gleichzeitig in der Sexkaribik anzurufen, die Hörer dann auf den Schreibtisch zu legen und zum Baustoffhändler Klotz zu fahren. Muß man da noch Schwabe sein, um dort unruhig von einem Bein auf das andere zu hüpfen?
Was soll ich Ihnen sagen: Keine dreihundert Mark später war ich am Ziel.
„Sie wünschen?"
„Äh, einen Sack MBB 60 Millimeter Großkaliber Baustellenflak-Munition, einen Gipser-Abschlußball mit drei Feuernoppen und innen verfrästem Leistenbruch sowie die Zahnbürste, die alle Gipser fressen. Oder so."
„Falsch."

Die Antwort kam knapp, geldsparend, ohne aufzusehen. Ich verzweifelte.
„Aber, die haben mir das genauso gesagt, wirklich, eine Noppenbürste mit..."
„Falsch."
Wenn er mich nur angeschaut, mir nur einmal in meine tellergroßen, hoffnungslos resignierten Augen geschaut hätte – vielleicht hätte er mir dann geholfen! Wenigstens den Versuch dazu gestartet! Das Schwein. Der Unmensch. Der Mörder. Der Muttermörder.
„Falsch. Hier Fliesen!"
„Hier fließen bald Tränen", dachte ich, was meinte der Herr nur?
„Baustoffe gibt's am anderen Schalter!"

Mein Blick fiel auf die winzigkleinen, über den Tresen unübersehbar angebrachten Schilder "Fliesen" und „Baustoffe". Vor lauter Tarifberechnungen mußte ich sie übersehen haben. Hier half nur noch die Flucht nach vorne. Also nach hinten. Hinter die Baustoffschlange, die mittlerweile auf fünfzehn Personen angewachsen war. Ich hatte das große Glück, daß nur dreizehn der vor mir Wartenden Hobby-Heimwerker waren, die alle Zeit der Welt mitgebracht hatten und sich lieber noch einige Verarbeitungstips mitnahmen, als heute noch mit ihrem gekauften Baustoff zu arbeiten.

Einer war ein Bauherr, der wie ich wartende Handwerker zuhause hatte. Er stand an der hoffnungsvollen Position sieben. Ich habe nicht mit ihm gesprochen, aber sein pechschwarzes Haar am Hinterkopf schimmerte grau, weil sein bleiches Gesicht nach hinten durchleuchtete. Er hüpfelte wie ein Vibrator auf und ab. Als er nach vierhundertdreiundzwanzig Mark gerade auf Position drei vorgerückt war, verlor er vor Aufregung die Besinnung und fiel zu Boden. Die wartende Meute kümmerte sich nicht darum und stiefelte sofort über ihn hinweg. Ich beschloß als einziger, ihm sofort zu helfen. Hier war Soforthilfe angesagt. Ich half ihm auch sofort – sobald ich eben auf seiner Höhe angekommen war. Keinesfalls konnte ich dazu meinen Platz in der Schlange aufgeben. Kein Bauherr ist sich selbst der letzte. Wenn er in der Klotzschlange steht.

Im Vorrücken von Platz drei auf Platz zwei verabreichte ich ihm eine Herzmassage sowie eine Mund-zu-Mund-Beamtung und legte ihm eine Infusion mit Tapetenkleister. Adrenalin wäre sicher besser gewesen, aber nur Kleister stand derartig griffbereit im Seitenregal, daß ich ihn erreichen konnte, ohne der nur darauf wartenden Mitkundenmasse eine Chance auf meine Platzrechte zu bieten. Als er erwachte, drückte ich ihm die Visitenkarte unseres Bauherrenstammtisches in die Hand. Er bedankte sich benommen.

Dann wurde er leider unverschämt. Er wollte sich

dergestalt wieder in die Schlange einfügen, daß er vor mir bedient worden wäre. Ich wies ihn auf meine sechs wartenden Handwerker hin und machte damit unmißverständlich klar, daß ein Einreihen vor mir auch im Namen meiner kreditgebenden Bank in keinem Falle auch nur zu erwägen sei. „Sechs?", röchelte er kraftlos. „Nur sechs? Bei mir warten vier Estrichleger, drei Bauarbeiter, der Statiker, der Architekt und drei Maler. Ich kann nicht..." Und anstatt noch „mehr" hinzuzufügen, wie es sich gehört hätte, unterbrach er den Satz unvollendet und fiel erneut in Ohnmacht. Ich reichte den leblosen Körper nach hinten durch. Einer der hinter mir wartenden hundertfünfundzwanzig Menschen würde schon ein Bauherr sein und sich seiner annehmen.
Ein ADAC-Stauberater fuhr mit seinem Motorrad neben mich heran und fragte, ob ich warme Decken haben wollte. Ich lehnte dankend ab. Wenn es mir in der Schlange zu gemütlich würde, so fürchtete ich, könnte ich womöglich einschlafen und dabei nicht mehr mitrechnen, wieviel Geld ich hier verwartete.

Dann war es endlich soweit.
Ich war dran.
Aber der Mann am Tresen weg.
Es war inzwischen achtzehn Uhr zehn geworden, Feierabend. Ich beschloß kurzerhand, bis zum Morgen auszuharren. Diese Strategie war gut, denn ich wurde morgens um neun als erster bedient.

„Sie wünschen?"
„Äh, das Bauherrenfrühstück 60 mB (mit Brötchen) und Kaffee mit Gips, eine Gipsbüste von einem 60 Millimeter Handwerkersack und eine dreinoppige Innenkante mit verflixten Außenhaken, aber die langen, nicht die kurzen!"

Das reichte ihm.
Der Baustoffhändler-Tresenmann war vom Fach. Und ausgeschlafen. Er notierte alles, gab mir einen Abholberechtigungsschein, kassierte die 1.235,78 Mark in bar, stimmte mir solidarisch nickend zu, als ich vermerkte, die Baustoffpreise seien ein lächerliches Nasenwasser, verglichen mit den Arbeitskosten, und wies nach draußen: „Dort am Gapelstapler abgeben und Material abholen!"

Falls Sie, verehrte Leserin, geschätzter Leser, noch keine Bauherren sind und deshalb noch nie beim Baustoffhändler waren, sollte ich Sie kurz in das geniale System des gemeinen Baustoffhändlers Klotz einführen:
Sie begeben sich zunächst in das Baustoffhändler-Verkaufshaus. Freundliche Menschen klären Sie gerne frühzeitig auf, ob Sie mit Ihrem Wunsch zu den Fliesen- oder Baustoffkunden zählen. Entsprechend sortieren Sie sich am entsprechenden Tresen ein, wo kompetente, speziell ausgebildete Mitarbeiter Ihren Wunsch rasch bearbeiten. Um die Abläufe zu beschleunigen, sind Baustoffkauf und -ausgabe getrennt untergebracht: Sie bestellen und bezahlen und holen im Anschluß daran ihre Baustoffe bei der Baustoffausgabe ab.
Die Baustoffausgabe müssen Sie sich so vorstellen: Etwa 3.000 Quadratmeter sind zur Hälfte überdacht, zur Hälfte als Hof strukturiert. Der Kunde hat im überdachten Bereich nichts zu suchen. Große Schilder warnen: Betreten verboten! Nur für Betriebsangehörige! Baustoffausgabe im Hof! Zehn Gabelstaplerfahrer fahren mit ihren Gabelstaplern in den überdachten Teil des Baustoffgeländes hinein, holen mit ihrem Gabelstapler die gewünschte Ware aus den Regalen im überdachten Bereich in den nicht überdachten Hof

heraus und laden dort das Material gegen Abgabe des Baustoff-Abholberechtigungsscheines in Ihren Wagen. Soweit gut überdacht.

Ich stand nun gut und gerne zweihundertachtzig Mark lang da und beobachtete das Geschehen. Nicht ohne im Kopf eine empirische Statistik anzulegen: Etwa 98 Prozent ihrer herumflitzenden Zeit verbringen die Gabelstapelfahrer im überdachten, für den Kunden nicht zulässigen Hofbereich. Weil sie da nicht immer bleiben können, flitzen sie für den Zeitraum von zwei Prozent Restzeit aus ihrem Schutzbereich heraus, kippen rasend schnell das gewünschte Material vor dem Kundenauto ab und hastdunichtgesehen sind sie wieder in ihrer Schutzhöhle. Fast alle zehn Gabelstapelfahrer versuchen bei der Rückkehr in ihre heilige Halle, die mit ihren Baustoff-Abholberechtigungsscheinen draußenstehenden Kunden so geschickt zu umfahren, daß die Fahrer ohne erneuten Lieferauftrag verschwinden können.

Ich bin ein vernunftbegabter Mensch.
Ich mußte etwas tun.
Als ich sah, wie ein Gabelstapelfahrer gerade wieder im Begriff war, aus der Halle herauszukommen, fing ich an zu laufen. Mein gottgegebenes Computerhirn erfaßte alle Daten wie seine Fahrtrichtung, seine Geschwindigkeit $v1$ und vor allem seinen Beschleunigungsfaktor. (Unter der Beschleunigung a eines Massenpunktes versteht man den Differentialquotienten der Geschwindigkeit v nach der Zeit t. Dies nur als akademische Grundlage zum besseren Verständnis für meine Schwager Eckhard und Volker, wenn sie dieses Buch lesen.) Der Vergleich mit den Meßdaten meiner Körperbewegung $v2$ führte zur Erkenntnis: $v1 - v2 = $ so wird's nichts. Also beschleunigen!

Ich beschleunigte.
Mit einer Geschwindigkeit von gut fünfzig Stundenkilometern gelangte ich auf seine Höhe, überholte ihn und brachte ihn durch eine geschickte Körpertäuschung dazu, in die falsche Richtung abzubiegen, so daß ich mich mit einem schnellen Hasenhaken quer zu ihm befand. Das war meine Chance: Mit einem kräftigen Hechtsprung warf ich mich dem Stapler vor seine Gabel und riß im Fallen den Abholberechtigungsschein in die Luft.
Er hatte ihn gesehen. Er bremste.
Sicher nicht, weil er mein Leben schonen wollte. Wahrscheinlich, weil er wußte, daß es ihn mehr Zeit kosten würde, Kundenüberreste zusammenzukehren, als Kundenwünsche zu erfüllen. So ergriff er verächtlich meinen Schein und fuhr wortlos in seine Halle. Ich leckte einstweilen meine Wunden und war stolz: Das war wahrer Körpereinsatz, geeignet, meine ständig weitersteigenden Baukosten zu senken. Ich war an der Reihe. Ich hatte mein Material so gut wie im Kasten. Und es war noch nicht mal zwei!

Um sechzehn Uhr zwanzig fuhr ich heim. Dort lag ein Zettel meiner Gipser: „Haben zwei Tage gewartet. Müssen jetzt auf eine andere Baustelle. Kommen in etwa zwei Wochen wieder. Haben Sie alles besorgt?"
Ich hatte alles besorgt und war es dazu auch noch, und zwar sehr: Ein halbes Jahr, hatten sie geschrieben. Ob ich dann die falschen Baustoffe wohl noch umtauschen könnte, falls sie falsch waren?

Ich weiß nicht, ob es sie interessiert, daß die Baustoffe wirklich falsch waren. Ich habe es acht Monate später erfahren, als sich meine Gipser in der Adresse geirrt, deshalb versehentlich bei mir vorbeigekommen und dann gleich geblieben sind, um die längst bezahlten

Restarbeiten noch zu vollenden. Die Sackbürste war falsch und die außen angebrachten Innenkanten zu kurz (er habe doch extra gesagt, die langen!). Aber, ich könne ja eben schnell die Richtigen holen gehen, sie würden solange in meinem Bau auf mich warten. Ich widersprach heftig.

Zwei der Gipser hörten unmittelbar auf zu pfeifen. Ich willigte ein. Alles pfiff. Ich fuhr zum Klotz. Stellte mich dummerweise am falschen Tresen an. Reihte mich dann doch richtig ein. Erlitt an Position drei einen Zusammenbruch. Wachte Tage später ganz hinten wieder auf. Klebriger Geschmack im Mund. In der Hand die Visitenkarte eines mir fremden Bauherrenstammtisches in Kernen im Remstal.
Hatte dann Pech im Hof: Der Gabelstapler konnte nicht mehr rechtzeitig bremsen. Oder wollte nicht. Nahm mich auf die Hörner. Es tat kaum weh. Die offene Wunde blutete schwach, so, als hätte ich literweise Kleister im Blut. Erhielt später das gewünschte Material. Zuhause ein Zettel der Gipser: Sie hätten vier Tage gewartet, müßten nun auf eine andere Baustelle, kämen aber in zwei Wochen wieder.

Alles kein Problem. „Die kommen wirklich wieder", wußte ich. Da war ich ganz sicher. Auf Gipser ist Verlaß. Vielleicht würden sie ein bißchen später kommen als angekündigt, dafür aber fröhlich. Wenn ich Glück hätte, hoffte ich, wäre an Weihnachten das Gröbste fertig. Das einzige, was mir wirklich noch den Schlaf raubte, war die Frage: „Habe ich diesmal die richtig vernoppten Außeninnenkanten geholt?
Man wird sehen."

Der Journalist: „Vom Handharmonika e.V. zu echten Katastrophen wie Aids, Sondermüll oder Fischerchöre."

Die Weihnachtsgeschichte im Spiegel der Presse

STUTTGARTER ZEITUNG, Aus aller Welt:

Eine 18jährige hat in der Nähe von Bethlehem im Westjordanland einen gesunden Jungen zur Welt gebracht.
Aufsehen erregte die Geburt, weil sie sich während einer Volkszählungsaktion der Steuerbehörden ereignete.

Bethlehem (ap). Die unverheiratete, junge Frau hatte versucht, den Knaben an der Steuererfassung vorbei, heimlich in einem Stall auf die Welt zu bringen. Nur der Umsicht eines Beamten war es zu verdanken, daß die Steuerfahndung auf den Fall aufmerksam wurde. Diesem war aufgefallen, daß drei aufwendig gekleidete Herren mit Luxuskamelen einer bekannten südpalästinensischen Zucht mehrmals den Stall aufsuchten und dabei Wertgegenstände übergaben. Die Kamele trugen keine Kennzeichen, auch TÜV-Plaketten und der Nachweis zur Abgas-Sonderuntersuchung fehlten gänzlich.
Noch ehe die Behörden eingreifen konnten, gelang es dem Quartett samt Säugling in Richtung Ägypten zu fliehen.
Wie der Chef der SoKo Bandenkriminalität, Herr Rodes, erläuterte, habe man es hier mit einer weltweit operierenden Bande für organisierten Steuerbe-

trug zu tun. Durch Verheimlichung einer Geburt werde der Staat um die ortsübliche Kopfsteuer hintergangen und der Steuerhinterzieher ergaunere sich damit einen nicht unerheblichen Steuervorteil.
Um den Fahndungserfolg nicht zu gefährden, wollte Herr Rodes sich zu weiteren Maßnahmen nicht äußern.

SCHÖNER WOHNEN, Serie: „Junges Wohnen"

Wie man auch mit bescheidenen Mitteln und etwas Kreativität eine zwar nicht alltägliche, jedoch äußerst gelungene Wohnsituation schafft, zeigen wir Ihnen an einem Beispiel aus Bethlehem.

Maria und Joseph David hatten sehr lange gesucht, bis sie etwas Passendes gefunden haben. Als sie dann das ehemalige Stallgebäude zum ersten Mal sahen, haben sich beide spontan in das romantische, wenn auch umbaubedürftige Ensemble verliebt. Immerhin, so sagten sich die jungen Leute, könnte Joseph als Zimmermann bei der behutsamen Renovierung des halb zerfallenen Stalles selbst mit Hand anlegen.
Das Ergebnis auf drei Meter Länge und vier Meter Breite kann sich sehen lassen.
Der Eingangsbereich hat ganz besonderen Pfiff: Um Kosten zu sparen, wurde die halbrunde Aussparung des gesamten Frontbereichs nicht geschlossen und mit diesem einfachen Trick sozusagen die Natur ins Innnere geholt. Denn Ökologie ist ein wichtiger Maßstab für die Davids: „Wir wollten uns völlig mit gesunden Materialien umgeben!" erklärte der quirrlige Zimmermann.
Hausanschlüsse und Heizung sind so geschickt ver-

borgen, daß man sie überhaupt nicht erkennen kann. Klein-Jesus schläft auf einer Strohmatratze von Hin und Mit und beheizt wird mit einer vom Hausherrn selbst entwickelten Chauffage animale.

DAS GOLDENE BLATT:

Hurra, ein Gott!
Ihre schönste Rolle – Mutter sein

Die 18jährige Maria von Galiläa, verlobt mit Joseph David von und zu Nazareth, brachte im Bethlehemer Veterinärklinikum ihren ersten Sohn zur Welt.
Vater Joseph (23) war während der Geburt des kleinen Gottes mit dabei. Von bösen Gerüchten über die Vaterschaft ließ sich der stolze Vater nicht beirren: „Das schönste Ereignis meines Lebens, wir sind unendlich glücklich. Ich liebe meine Braut und glaube ihr!" vertraute der frischgebackene Vater unserem Reporter vor Ort an.
Die erschöpfte aber glückliche Mutter strahlte ihren Liebling Jesus lange nachdenklich an: Ich wußte, daß es ein Sohn werden würde."
Bei ihr wurde erstmals die neue revolutionäre Methode der pränatalen Diagnostik BAFH – By Angel from Heaven mit großem Erfolg angewandt.

BILDZEITUNG

Geburt im Stall. Es reicht!
Bethlehem. Unser Foto: Maria, 18, hochschwanger, Kassenpatientin (AOK).

Weil die Regierung immer mehr Kassenleistungen kürzt, hat die Bethlehemer Geburtsklinik Hosianna Maria die Aufnahme verweigert. „Budget ausgeschöpft!" sagte der diensthabende Arzt schroff. „Kommen Sie nächstes Jahr wieder."
Maria verzweifelt. Joseph, ihr Lebensgefährte, schleppt sie in den nächsten Stall. Notgeburt. Junge gesund. Jetzt auch noch Ärger mit dem Standesamt.
Joseph dazu: „Jesus, Maria und ich, die Geburt eines Gottessohnes hätte ich mir leichter vorgestellt."
Großer Farbbericht im Innenteil.

ALEX, DER KAPO

 Mein Psychiater hat gesagt, ich müsse mich durchsetzen.
Der Depp.
Um gegen meinen Vaterkomplex (so nennt der Übertreiber das innige Verhältnis, das ich über die Jahre zu meinem Vater aufgebaut habe) effektiv anzugehen, müßte ich mich durchsetzen.
Wenn ich den Teich im Garten groß und tief haben wolle, sagte er, dann solle ich das durchsetzen. Schließlich sei es mein Garten, mein geliehenes Geld, meine Verantwortung, mein Teich.
Bloß: Mein Vater!

Der hat mir diese Altbauwohnung vermacht, zu der ein kleiner Garten gehört.
Ich wollte in dem Garten einen Teich haben. Er sollte acht Meter lang, fünf Meter breit und zwei Meter tief werden. Düse, mein Ökoberater, der den Teich anlegen sollte, sagte, unter einem Meter fünfzig brauchen wir, ökologisch gesehen, gar nicht erst zu beginnen. Erst ab dieser Tiefe beginnt der Teich, sich selbst zu renaturieren.
Ich redete mit meinem Papa. Von Mann zu Mann. In einem klaren Gespräch. In dem ich ihm alle Fakten auf den Tisch knallte, deutete ich ganz vorsichtig an, den Teich unter Umständen etwas tiefer haben zu wollen, als er glaubte, daß ich wollte, daß der Teich tief werden solle. Papa war gegen einen tiefen Teich.

Ich konnte die Meinung meines Vaters immer schon akzeptieren. Sofort. Mir fällt kein Zacken aus der Krone, wenn unterschiedliche Meinungen zwischen uns vorherrschen. Ich habe die Kraft, Differenzen auch mal auszuhalten. Ich muß nicht immer gleich provozierend widersprechen.
Mein Psychiater sagte, daß... aber lassen wir das. Der ist sowieso blöd.

Jedenfalls: Mein Papa war gegen einen tiefen Teich. Er sagte, achtzig Zentimeter sind genug, basta. Deshalb hatte er auf den Plan geschrieben „Teichtiefe achtzig Zentimeter". Alle hatten es gelesen. Dann war die Besprechung.
Papa. Michel. Herr Bassel. Düse. Ich. Meine Freundin.
Düse sagte: „Mindestens einsfuffzich tief müßte der Teich schon werden."
Herr Bassel: „Zu spät. Das hätten Sie gleich sagen müssen."
Michel: „So ein spießiger Tümpel gefällt Dir?"
Mein Vater: „Also, mein Sohn möchte, daß der Teich achtzig Zentimeter tief wird."
Düse: „Aber mir hat er gesagt..."
Meine Freundin: „Du läßt Dir immer reinreden! Vorhin hast Du zu mir noch gesagt, der Teich werde zwei Meter tief, das sei Dein Garten, Dein geliehenes Geld, deine Verantwortung, Dein Teich. Du müßtest Dich durchsetzen. Was denn nun?"

Das hätte sie nicht tun sollen. Sie hatte sich damit mit Düse verbündet, um gemeinsam gegen meinen Vater zu opponieren. Gemein sind wir stark.
Da hatten mein Vater und ich in einem offenen, in der Sache harten, ansonsten herzlichen und klaren Gespräch von Mann zu mir gerade einen Kompromiß ausgehandelt, mit dem beide Seiten gut leben konnten

und dann kamen diese beiden wildfremden Personen, die ich in meinem ganzen Leben noch nie gesehen hatte und von denen ich mich in diesem Moment mit Blicken ganz klar zu distanzieren versuchte, und stellten sich an, einen Keil zwischen mich und meinen Vater zu treiben.
Wo mein Vater doch so sensibel ist. In Gesprächen versucht er immer wieder, Einigkeit zu erzielen. Erst kürzlich hat er zu mir gesagt: „Du sollst still sein, wenn ich mit Dir diskutiere!" Und nun so ein unseriöser, völlig falsch plazierter, gemeiner Angriff. Mit den Wanderstiefeln über die Blumenwiese seiner Seele.
Aber Papa rettete die Situation gekonnt. Wie ich ihn für seine Fähigkeit bewundere, bei Dissonanzen unter den Menschen mit geradezu salomonischer Größe, sensibel und klar, einen Weg zu finden, der allen hilft, ihr Gesicht zu wahren, der alle Aspekte beinhaltet und doch eine klare Führung erkennen läßt.
„Gut, wir sind uns also alle einig, achtzig Zentimeter, nächstes Thema."

Triumphierend warf ich einen Blick auf das Verräterpaar. Denen hatten wir's aber gezeigt. Mein Papa. Und ich. Achtzig. Basta. Nächstes Thema. Ha!
Düse ging. Er war frustriert.
Meine Freundin blieb. Sie war sauer.
Ihr zuliebe verwarf ich, kaum waren alle anderen weg, die achtziger Pläne und kam umgehend auf meinen ursprünglichen Zweimeterplan zurück.
Mein Psychiater freute sich, als ich ihm von der Besprechung berichtete. „Und Sie haben wirklich vor allen gesagt: „Gut, wir sind uns also alle einig, zwei Meter, nächstes Thema?"
„Ja, so ähnlich halt."

Ich wußte, daß es gelogen war. Aber, sie ahnen ja gar

nicht, wie sensibel mein Psychiater war! Manchmal glaubte ich sogar, der habe einen echten Knacks. Der hatte jetzt unbedingt ein Erfolgserlebnis gebraucht. Der Depp.
Und mir war das egal. Mir würde kein Zacken aus der Krone fallen, wenn ich meinen Psychiater anlog. Wenn's ihm hilft, warum nicht?
Ich gehe da sowieso nur hin, weil ich ihm bis heute nicht sagen konnte, daß ich ihn gar nicht brauche! Sie mögen das nun übertriebene Vorsicht und übersteigerte Menschenliebe nennen, aber so ein Psychiater ist doch auch nur ein Mensch! Er hat was Schräges studiert und muß nun mit diesem Kram sein Geld verdienen! Das ist gar nicht so einfach! Er braucht jetzt gutmütige Menschen wie mich, die sich von ihm, wenn Sie so wollen, ausnutzen lassen!
Schauen Sie mich halt nicht so gerührt an. Ist doch Ehrensache. Ich helfe, wo ich kann. Und der eigentlich gute Mensch ist mein Hausarzt, Onkel Ogge. Der hat mich doch an seinen Kollegen überwiesen. Wahrscheinlich wollte er, daß ich mich ein wenig um seinen kranken Kollegen kümmere!

Zwei Wochen (also ein halbes Jahr später) kam die Firma Garten- und Landschaftsbau Maiss. Ich kenne Günther Maiss persönlich, deshalb ist er auch so pünktlich eingetroffen. Beziehung ist alles.
Mein Papa erschien und hielt eine Besprechung mit Alex, dem Kapo der Firma Maiss. Ganz wichtig, sagte mein Papa, sei ihm die flache Anlage des Teiches. Alles klar, sagte Alex, und legte mit drei Landschaftsgärtnern zusammen los. Nach wenigen Tagen war die Geländeformation vollendet. Schön schmiegte sich der achtzig Zentimeter tiefe Teich in die sanft geschwungene Hügellandschaft meines kleinen Gartens.

Während ich unten stand und mit Alex, dem Kapo, der mit seinem Bagger als einziger noch geblieben war, die Vorteile eines flachen Teiches besprach, erschien Düse. Düse ignorierte mich und besprach mit Alex, daß so ein Teich mindestens einsfuffzich tief sein müßte, wegen der Ökologie. Alex war ökologisch tief beeindruckt und meinte, einsfuffzich sei kein Problem. Außerdem sei es erst fünfzehn Uhr und der Bagger sei noch da. Er könne das also sofort erledigen.
Düse schaute mich an.
Aus den verzweifelten Augen meines Psychiaters. Wer weiß, ob er nicht einen Schaden für's Leben davongetragen hätte, wenn ich ihm diesen Wunsch abgeschlagen hätte. Und womöglich beim Psychiater gelandet wäre! Ich hatte noch etliche Zacken in meiner Krone und sagte gönnerhaft: „Gut, machen wir!"
Düse strahlte.
Dieses freudige Kinderleuchten in den Augen eines knapp Vierzigjährigen sagte mir: Christoph, alter Pfadfinder, gut gemacht!

Alex hatte es dann doch nicht geschafft. Die Zeit lief ihm davon. Er mußte am nächsten Tag nochmal kommen und ließ deshalb den Bagger (Maschinenstunde 200 Mark) gleich da. Abends kam mein Vater. Er schimpfte auf den Kapo, der zu blöd sei, achtzig Zentimeter abzumessen. Ich stimmte ihm zu. Ich solle Alex, dem Kapo, einen Zettel an den Bagger klemmen: Teich auf achtzig zuschütten, Vater kommt gegen elf, ordnete Papa an.
Nun hatte ich zum ersten Mal seit meiner Tätigkeit als Bauherr ein emotionales Problem: Ich mußte jetzt einen meiner sensiblen Mitmenschen enttäuschen. Düse und Alex, wenn sie auf achtzig zuschütten müßten; meinen Vater, wenn der Teich bei einsfuffzich bliebe.

Ich holte den Zettel und begann zu schreiben: „Alex, Teich unbedingt auf...
Meine Freundin kam. Auch das noch! Sie war die Sensibelste von allen und schaute mir über die Schultern.
Ich schrieb: „...zwei Meter aufbaggern. Vater kommt gegen elf."
„Hei!" sagte sie stolz auf mich, „Du hast Dich also durchgesetzt! Klasse!"
Mist! Nun mußte der Teich zwei Meter tief werden, sonst würde sie mich verlassen. Wäre er zu diesem Zeitpunkt schon fertig gewesen, mein Teich, hätte ich mich, egal wie tief, umgehend darin ertränkt.

Alex baggerte ab sieben wie wild, um sein neues Zwei-Meter-Pensum zu schaffen. Um zehn vor elf mußte ich dringend tanken gehen, so daß ich die Begegnung Papa-Alex leider nicht mitbekommen konnte. Als ich um sechzehn Uhr zehn vom Tanken wiederkam, stand der Bagger immer noch im Garten. Der Teich indes war weder einsfuffzich, noch achtzig, sondern: einszehn tief. Im Briefkasten lag ein Zettel von Alex. Mit zittriger Schrift verfaßt: Muß morgen nochmal kommen, Bagger bleibt erstmal hier.
Was war geschehen? Nun, mein Papa war um eins vor elf gekommen und hatte Alex, dem Kapo, in einem klaren, offenen Gespräch erklärt, daß ihm niemand den Auftrag erteilt hätte, den Teich tiefer als achtzig Zentimeter zu graben. Im Gegenteil habe sein Sohn (ich!) ganz klar Anweisung gegeben, den Teich schön flach anzulegen. Für die nun entstandenen Mehrarbeiten und die daraus resultierenden Mehrkosten könne sein Sohn, ich, also er, keinesfalls aufkommen! Hatte's gesprochen und war entflöucht.
Alex hatte daraufhin zwei Stunden lang den Teich neu aufgefüllt, bis, genau bei schön verdichteten und mo-

dellierten achtzig Zentimetern Endtiefe, Düse gekommen ist. Ausgerechnet Düse, der Einsfuffzich-Revoluzzer! Düse hatte Alex, dem Kapo, dann umgehend bestätigt, daß sich gestern doch alle (ich, er, Alex und der Kapo) definitiv auf einsfuffzich geeinigt hatten. Außerdem würde bei dieser jetzigen Tiefe die Ökologie zu flach, also, tief, nein, kurz: zu kurz kommen. Alex war offensichtlich ökologisch tief beindruckt und hatte daraufhin sogleich wieder begonnen, Erde aus dem Teich zu heben. Ist dann aber nicht mehr damit fertig geworden.

Mein Papa lenkte jetzt ein. Nach der abendlichen Baubesichtigung entschied er unter meiner heftigen Zustimmung, daß Alex, der Kapo, erwiesenermaßen Probleme mit dem metrischen Maßsystem habe. Nun sei der Teich zwar unerwünschte einszehn tief, konstatierte er, aber bevor Alex, der maßlose Kapo, wieder stundenlang sinnlos weiterarbeite, würden wir die Tiefe jetzt einfach so belassen wie sie ist. Basta.
Düse rief an und fragte, wie's denn nun stände. Ja, log ich, um ihn zu schonen, mein Papa habe gerade eben erst gesagt, er, Düse habe doch recht gehabt, einsfuffzich sei das richtige Maß. Wegen der Ökologie.
Düse war glücklich.

Der nächste Tag war der Tag, an dem Alex, der Kapo, abends den Deppen, meinen Psychiater, kennenlernen sollte. Ich mußte an diesem Morgen für drei Tage verreisen, hatte aber noch Gelegenheit, zuvor mit Alex, dem Kapo, zu sprechen.
„Alex", sagte ich, indem ich ihn freundschaftlich den Arm um die Schultern legte, „Alex, Du hast offensichtlich Probleme mit dem Metersystem oder so. Das ist aber völlig wurst. Mein Vater hat sich zwar höllisch aufgeregt, wegen den einszehn, aber es ist schließlich

mein Teich, meine Verantwortung, mein geliehenes Geld. Das ist mein kleiner Garten, in den ich mich später durchsetzen, ach woher, reinsetzen muß. Und ich sage Dir: Gut, Alex. Laß gut sein. Einszehn ist auch okay. Nur noch schön modellieren und verdichten und dann kannst Du gehen."
Endlich mal klare Worte. Alex, der Kapo, hat endlich eindeutige Direktiven erhalten und kann sich an die Schlußarbeiten machen.

Während ich im Zug saß, bugsierte Alex, der Kapo, seinen Bagger vom fertigen Einszehnerteich mühsam aus meinem kleinen Garten nach oben.
Dort traf er auf Düse. Und ihn der Ökoschlag.
Düse hatte allerneueste Informationen mitgebracht, persönlich von mir, dem Chef, an ihn, Alex und den Kapo gerichtet: Einsfuffzich.
Das sei die neue Maßgabe, wußte Düse. Sogar mein Vater sei inzwischen ökologisch überzeugt und sei definitiv auf die einsfuffzich-Linie eingeschwenkt. Alex war müde und erschöpft, aber ökologisch völlig von einsfuffzich überzeugt. Er fuhr schnurstracks und mühsam zum Teich zurück, um auf einsfünfzig auzubaggern.

Später kam überraschend Architekt Bassel mit dem Meterstab vorbei und wies Alex auf das offensichtlich falsche Maß hin. Der verbiß sich im Baggerlenkrad; doch Herr Bassel ließ nicht locker. Er als Architekt trage hier die Verantwortung und müsse sämtliche Maße prüfen, erklärte er dem verbissenen Alex. Falls nämlich der zu tiefe See zu wasserdruckbedingten Bauschäden führe, würde man ihn, Alex, den Kapo, und seinen Chef, Günther Maiss, rechtlich belangen. Apathisch begann Alex, die Erde wieder in den Teich zu baggern. Herr Bassel sah, daß die

Arbeiten in die richtige Richtung gingen. Und ging. Meine Freundin kam.

„Ich bin da nur runtergelaufen zu dem komischen Typen auf dem Bagger und frage den, nur so, – das sollen zwei Meter sein? –, fängt der doch an zu schreien und zu schäumen wie ein angeschossener Gorilla, rast mit seinem Bagger den Garten hoch und verschwindet auf der Hauptstraße. Komischer Kollege."

Wie bereits angedeutet: er ist direkt zu meinem Psychiater. Seither gehe ich nicht mehr hin.
Was soll ich noch mit dem sprechen, die reden doch jetzt ständig über mich. Nun haben sich zwei Kranke gefunden und ich habe anderes zu tun. Ich werde jetzt immer nachts, wenn keiner herschaut, mit der Schaufel den Teich ausgraben.
Das dauert zwar etliche Wochen, aber er ist nachher auch schön tief.

So um die zwei Meter, schätze ich.

„Wie gehts Ihrem Fußpilz? Vom Kinnkitzeln zum Stirnpickel, pharmaseidank!"

LESEN BILDET

„Klimakonferenzen bringen kaum Aufatmen für die geschundene Umwelt"

Natürlich nicht! Wie denn auch?
Man muß sich das so vorstellen: Die Welt gleicht einem Auto, das mit Vollgas gegen einen Felsen rast. Und während die Umweltschützer noch panisch vorschlagen, sofort oder wenigstens umgehend, alternativ auch sogleich, ohne Verzögerung, schleunigst oder auch bestenfalls, auf der Stelle eine Vollbremsung hinzulegen, um dann leicht verletzt mit mittlerem Blechschaden wenigstens zu überleben, überlegen sich die erdölfördernden Länder und die Industrienationen gemeinsam schon, wie der Effekt einer Vollbremsung durch verantwortungsvolles Gasgeben simuliert werden könne.
Und weil die letzteren beiden diejenigen sind, die mit ihrem Geld die Klimakonferenzen finanzieren, werden ihre Vorschläge auch immer die realistischeren bleiben. Und umgesetzt werden. Genauer: eben nicht umgesetzt werden. Das ist einer der raffiniertesten Tricks überhaupt: Wenn ich keine Lust habe, abzuspülen, mache ich innerhalb meiner WG einfach den Vorschlag, nicht abzuspülen. Und halte dann aber diesen Beschluß auch ganz konsequent ein! In aller Härte! Mit allen Nachteilen, die eine solche Selbstverzichtserklärung mit sich bringt! Beim nächsten Treffen schlage ich dann vor, das Spülaufkommen massiv, nämlich um zwei Prozent jährlich, zu verrin-

gern. Ergebnis: Ich kann nachweisen, daß mir das Spülproblem ganz und gar nicht egal ist! Und abspülen? Das soll der Nachmieter. Wenn's dann noch Wasser gibt.
Ich möchte aber die Umweltkonferenzen nicht in Grund und Boden verdammen. Nein, sie haben schon ihre Funktion! Wer hat denn diese ganze Umweltbürokratie überhaupt erst erzwungen? Der ewig unzufriedene, nörgelnde, ängstliche Bürger doch. Jetzt haben wir unsere Umweltbeamten und nun müssen wir auch dafür sorgen, daß die ihre Spesen umweltgerecht entsorgen können!
Außerdem, nehmen Sie nur den Umweltgipfel 1994 in Berlin. Der hat doch immerhin was für uns gebracht! Die deutsche Automobilindustrie nämlich hat angekündigt, umgehend eine Vorfahrerrolle einzunehmen und auf die Erwärmung der Erde sofort und vorbildlich zu reagieren: Es werden mehr Cabrios produziert. Und Klimaanlagen kommen als serienmäßige Ausstattung in alle Neuwagen. Kann man nicht meckern!

„*Jährlich 100 bekannt werdende Korruptionsfälle in Rheinland-Pfalz sind nur die Spitze des Eisbergs von Bestechung in Deutschland*"

Es gibt ja Leute, die behaupten allen Ernstes, 99 Prozent aller deutschen Beamten und Politiker seien bestechlich. Eine ungeheuerliche, unverschämte Behauptung. Ohne jeden Beweis. Völlig aus der Luft gegriffen.
Ich, als guter Demokrat, behaupte sogar das Gegenteil!
*Ich sage: Ein Prozent aller deutschen Beamten und Politiker sind **nicht** bestechlich! Darunter fällt garan-*

tiert auch Claudia Nolte. Die lehnt Bestechung schon deshalb strikt ab, weil sie glaubt, „bestechen" sei eine ganz besonders verwerfliche Art von vorehelichem Kontakt.

„China über Deutschland verstimmt"

Warum denn schon wieder? Oh, ich kann mir's denken. Die Chinesen protestieren gegen die Fremdenfeindlichkeit in Deutschland. Sind ja immerhin das größte Opfer der Fremdenfeindlichkeit bei uns. Der Chinese? Ich bitte Sie, zehnmal am Tag hört man: Gelber Sack! Und seine Frau: Die Gelbe Tonne!

„Niederlande: Wenn beim großen Hochwasser die Poldern gebrochen wären, hätte man mit 1,8 Milliarden Schaden rechnen müssen."

Haben Sie das auch gelesen? Wie kann man über einen Schaden jammern, der noch gar nicht passiert ist? Der Holländer ist doch ein Waschlappen! Wenn die Dinger gebrochen wären...
Schauen Sie, bei uns in Deutschland ist 1989 eine Mauer gebrochen. Aber wirklich gebrochen! 1,1 Billionen Schaden! Und wir tragen's auch mit Fassung! Verstehen Sie mich jetzt nicht falsch: ich habe keine Resentiments! Mein Opa kommt aus Olbernhau, das liegt mitten in Sachsen! Meine halbe Familie ist sächsisch! Ich sage deshalb schon aus persönlicher Betroffenheit: Wiedervereinigung: ja! Aber, hat's denn unbedingt die DDR sein müssen?
Österreich wäre doch viel besser gewesen! Da hätten

wir ein paar Skigebiete dazugekriegt! Oder Namibia! Hätten wir dann die Magnetschwebebahn dorthin gebaut, wären wir mit dem Guten-Abend-Ticket der Bahn für 49 Mark bis nach Afrika gekommen! Aber, uns fragt ja keiner...

Und dann war da ja noch die Sache mit England und Frankreich. Die haben beobachtet, daß wir uns wiedervereinigt haben und wurden unheimlich neidisch! Das wollten die auch haben! Nur, daß die halt keine Mauer hatten. Die haben ja bloß Wasser! Und haben Sie schon einmal versucht, Wasser abzureißen? Das geht nämlich nicht! Was Sie tagsüber schaffen, ist abends wieder hin, was Sie wegschaufeln, wieder da. Vor Verzweiflung haben die immer tiefer im Wasser gegraben, bis sie weit unter der Erde angekommen sind. Als sie überrascht feststellten, daß sie nun versehentlich einen Tunnel gebaut hatten, feierten sie flugs eine große Einweihungs-Party. Im Sommer 1994. Das war vielleicht ein Fest! Gleich zweimal Essen gab's: auf der einen Seite, Wachtelhälschen mit Trüffelcremchen an Champagnersößchen, und drüben, very fast, fish and chips mit Orangenmarmelade. Nun haben die einen Tunnel. Und der verbindet zwei Länder und zwei Ängste. Der Engländer hat unglaubliche Angst, tollwütige Füchse könnten durch den Tunnel gekrabbelt kommen und die Tollwut nach England einschleppen. (Als ob ein tollwütiger Fuchs in seinen letzten Tagen nichts besseres zu tun hätte!) Aber, man kennt ja den feinen Insel-Pinsel: England hat durchgesetzt, daß auf seiner Seite noch eine sackteure, unterirdische Fuchs-Abgreifanlage installiert wurde. Daraufhin war dann der Franzose sauer, der die Hälfte der Kosten tragen mußte. Plötzlich bekam auch er Angst, und zwar vor dem Rinderwahnsinn. Allerdings war die Fuchs-Abgreifanlage zu klein für die Rinder! Da hat der Franzose ein Netz stricken lassen, durch das zwar die Züge durchpassen, in dem die Kühe aber hängenbleiben! Danach ist der Tunnel abgebrannt, und das hat den Franzosen aufgerüttelt. Seit der Renovierung nutzt er jede Gelegenheit, seine neugegrabene Europafreundlichkeit mit dem verbindenden Eurotunnel zu demonstrieren. Das verblüfft, hat der Franzose doch sogar Angst vor anderen europäischen Sprachen! Immerhin hat er ein Gesetz erlassen, nach dem künftig in Frankreich nur noch in französischer Sprache für ausländische Produkte geworben werden darf! Das ist doch blöd! Überlegen Sie doch mal: Schwäbische Maultaschen zum Beispiel heißen dann „le sac de la gosch"! Das kann doch nicht mehr schmecken!

„2 Jahrzehnte RAF"
Ja, die Entführung Hans Martin Schleyers am sechsten September 1977 hat die Republik nachhaltig verändert! Gut, das endlich mal aufzuarbeiten! Womöglich kommt in dem Zug auch die jüngere Geschichte der RAF dran, und wir bekommen eine neue Expertise zu Bad Kleinen. Ich meine das Kleinstädtchen, in dem der mutmaßliche Terrorist Wolfgang Grams aus immer noch ungeklärten Umständen zu Tode kam! Die Ermittlungen sagen, Grams habe sich mit seiner eigenen Waffe erschossen, aber zuvor, habe ihm jemand diese Waffe gewaltsam aus der Hand entwunden.
Da sehen Sie mal, wie raffiniert die Terroristen sind! Die erschießen sich erst, wenn sie gar keine Waffe mehr haben, denn dann kann man ihnen nichts mehr nachweisen!
Dabei wurde im ersten Gutachten zweifelsfrei festgestellt, daß der mutmaßliche Terrorist Grams mit an

Sicherheit grenzender Sicherheit sicherlich eventuell wahrscheinlich weder von seiner eigenen Waffe noch von seiner eigenen Dienstwaffe, noch von einer anderen eigenen Waffe und auch nicht von einer anderen eigenen Dienstwaffe, wahrscheinlich nicht erschossen wurde.

Das verwirrt doch! Wenn die so weitermachen, finden sie im dritten Gutachten raus, daß der Grams noch lebt!

Die gesamte Aktion in Bad Kleinen war vom deutschen Verfassungsschutz gesteuert. Dort hat wohl der die besten Einstellungschancen, dessen IQ um die elf liegt. Zum Vergeich: Ein Hefeweizen hat zwölf! Weil das noch ein bißchen schäumt! Eigenständig! Der Verfassungsschutz hat es jedenfalls versäumt, dem Spitzel, Klaus Steinmetz, ein kleines, unauffälliges Schild mitzugeben, auf dem geschrieben steht: Hallo! Ich bin der Spitzel! Ich unterstrichen, kleiner Pfeil nach unten!

Deshalb stürzten sich die von der GSG 9 zunächst auch auf Birgit Hogefeld und auf Klaus Steinmetz. Erst als Wolfgang Grams weglief, hielten sie inne und dachten: Moment, ein Spitzel rennt doch nicht weg? Also: Steinmetz loslassen, dem Grams nach. Mittlerweile hat der Grams vorne am Eck den armen Michael Newrzella erschossen. Das hätte er auch nicht tun sollen! Rennt der Grams die Treppen hoch. Dort be-merken die von der GSG 9, daß der Newrzella tot ist und sind stinkesauer, mein lieber Mann. Weiter dem Grams nach. Zweimal auf ihn geschossen, nur halb erwischt. Grams humpelt angeschossen zu den Gleisen. Alle nach. Grams fällt hin. Grams liegt auf den Gleisen. Die auf ihn zu, reißen ihm die Pistole aus der Hand.

Und dann haben sie am Schluß eben, in der Aufregung, zwei Fremdworte verwechselt: Exekutive mit Exekution. Kann ja mal passieren.

Der Vater aller Antworten

– DRRRRÄÄNG – Zeit, die Zeitung wegzulegen. Da war doch noch was. Ich wollte doch irgendwann irgendwie irgend jemanden anrufen. Wer war das gleich? Der Umbau macht mich doof. Ich kann nicht mehr lesen. Nicht mehr richtig denken. Geschweige dähn schraibbnnn. – DRRRRÄÄNG –

Tim ist da. Mein Schlosser.
Um die Treppe streichen zu können, muß sie abmontiert werden. Sonst komme er nicht an die Backen hin, sagte mein Maler und ging wieder. Er kommt in zwei Wochen wieder.
Jetzt ist alles kalkulierbar: Tim baut die Treppe ab und legt sie unten auf den Boden. Zwei Wochen später kommt mein Maler und konserviert den Normalstahl für die nächsten zwei Jahre mit einem schludrigen Klarlackanstrich für zweitausend Mark (Unverbindlicher Kostenvoranschlag. Das habe der Schlosser wohl unüberlegt dahingesagt, weil, die Schlosser hätten ja gar keine Ahnung von den hohen Nebenkosten, die ein Maler mit seiner Werkstatt hätte. Aber in etwa könne der Preis unter gewissen Umständen schon knapp hinkommen). Sobald die Treppe gestrichen ist, kommt unmittelbar zwei Wochen später Tim vorbei, montiert sie wieder an, fertig. Als Bauherr muß man sich darauf einstellen, daß bei so einem Umbau nicht alles glatt gehen kann!
Zwei Wochen und nochmal zwei Wochen.

Ich muß eben ein Jahr lang außenrum gehen, wenn ich unten einen Brief liegen habe, den ich oben brauche. Warum lasse ich auch unten Briefe für oben liegen, spottet mein Maler verächtlich. Ich schäme mich. Er hat recht.
Ich vergesse einfach künftig unten keinen Brief mehr, und der Fisch ist geputzt. Oder ich nehme einfach immer den richtigen Schlüssel mit, wenn ich außenrum runtergehe, einen Brief zu holen. Oder schließe die Türen nicht mehr ab. Oder bringe mich um. Irgendwas wird mir für die kurze treppenlose Übergangszeit schon einfallen.

Natürlich, sagt Tim, könne der Mehraufwand für zusätzliches Ab- und Anmontieren der Treppe in dem ohnehin viel zu knapp kalkulierten Preis nicht enthalten sein und müsse extra berechnet werden. Überhaupt sei er bei seinem Angebot von Edelstahl ausgegangen, was er im Lager gehabt hätte und was sich auch viel leichter hätte verarbeiten lassen. Aber ich habe ja un-be-dingt auf Normalstahl gepocht.

– DRRRRÄÄNG –

Wenn die Treppe jetzt schon weg wäre, könne doch auch gleich der Gipser nochmal kommen, um die Schäden auszugleichen, die durch das Abmontieren der Treppe am Putz entstanden seien. Der Reliefputz sei, wie ihm Herr Herrle erzählt habe, ja wohl ein ganz verrückter Extrawunsch von mir gewesen: Zwanzig Zentimeter! Glatter Wahnsinn! Das konnte niemals halten! Meinte sogar Herr Herrle! Er sei so dick aufgetragen, daß schlüssigerweise bei der kleinsten Berührung mit seinem Werkzeug ganze handtellergroße Putzplatten abgefallen sind! Er, Tim, glaube nicht, daß der Gipser dies auf Kulanzbasis repariere, für Sonder-

wünsche hafte immer der Kunde. Warum ich denn nicht auf Herrn Herrle gehört hätte? Der habe mir doch, was man so hört, einen ganz schlichten, einfachen und günstigen Spanischen Putz empfohlen?
Ein Grundputz, grob verstrichen, fertig. Den hätte ich mir sogar vorher anschauen können, beim Rechtsanwalt Schelling. Das sei ein freundlicher Mann, nicht so verbohrt wie ich, der hätte mich bestimmt reingelassen! So ein unaufdringlicher Putz hätte ohnehin viel besser zu meiner geschmacklosen Einrichtung gepaßt. Obwohl, das häßliche Himmelblau...

– DRRRRÄÄNG –

Tim hat Hunger. Ich fahre zum Imbiß und kaufe drei Hamburger. Mein Imbißmann ist ein freundlicher Mensch, dem allerdings das Pommes-Frittes-Fett (sprich und schreib: Pommfritz) die Hirnzellen verklebt hat. Normalerweise bestelle ich immer: „Große Pommes rot/weiß zum Mitnehmen." Er wirft dann sogleich die Pommes ins Fett. Wartet. Dann immer dasselbe. Nach einer Minute fragt er mich wichtig: „...klein?" Ich entgegne: „Groß." Er fragt: „Majo? Kätschabb?" Ich antworte: „Beides bitte! Rot/weiß." Er fragt: „...hier essen?" Ich erwidere: „Mitnehmen!"

Diesmal will ich aber nur Hamburger und keinen Ärger, keine Probleme, kein anstrengendes Gespräch. Eingedenk unserer Unterhaltung vorgestern: Er hatte sich gerade ein neues Auto gekauft. Einen fetten Opel. Breitschlappen. Er schaute immer wieder auf mich, dann auf den Opel. Dann erneut auf mich. Er wollte ganz offensichtlich mit mir darüber reden. Ich fragte gelangweilt, Interesse vortäuschend: „Neues Auto?" Stolzes, gedehntes, glückliches: „Ja!"

„Hat er einen Kat?" Fred schaute mich provozierend an: „Ich spinne doch nicht! Dann fahre ich runter nach Spanien und kriege kein bleifreies Benzin! Ich spinne doch nicht!"
„Fährst Du oft nach Spanien?" Die Antwort kommt wie aus der Friteuse geschossen: „Nach Spanien? Ich? Nein, ich spinne doch nicht! Ich fahre immer ins Allgäu!"
Das Pommes – Fett!

Diesmal also drei Hamburger. Mit allem drauf. Zum Mitnehmen.
„Alles drauf?"
„Ja."
„Zwiebeln auch?"
„Auch Zwiebeln."
„Hier essen?"
„Mitnehmen, bitte."
Ich zähle mein Geld ab. Dreimal dreisechzig macht...
„Neunachtzig bitte!"
„Das stimmt aber nicht!"
„Richtig: acht Mark genau!"

Fred erzählt mir noch, daß bei Herrn Blechle um's Eck, einem angesehenen Mann aus Hohenacker, CDU-Gemeinderat und langjähriger Schützenkönig, eine kleine Wohnung freigeworden sei. Ich fahre sofort hin. Die einzige Chance, die mein Verleger jetzt noch hat. Ich möchte sie mieten. Für wenige Monate. Um in Ruhe mein Manuskript verfassen zu können. Ich sitze bei Blechle im Wohnzimmer. Erzähle ihm von meinem Umbau, meiner Arbeit als Kabarettist und meinem vergeblichen Versuch, eine satirische Abhandlung zu schreiben. Er hört mir aufmerksam zu. Und fragt: „Ja, und schaffe möchte se nix?"

Ich fahre heim. Zu allem entschlossen.
Bahne dort brutal meinen Weg durch die verdutzten Tims und Mösselmanns, vorbei an den Gipsern, Elektrikern, Heizungsfachmännern und Malern. Schiebe Herrn Bassel wortlos beiseite. Würdige Michel keines Blickes. Falle nur kurz vor meinem Vater auf die Knie. Verweigere meiner Freundin kalt den Begrüßungskuß. Zeige Alex wortlos mit dem Finger, er solle mit Günther Maiss und Düse auf seinen Bagger steigen. Entlasse Johannes, den Generaldirektor und meine Techniker, Sebastian und Pätrick. Was will der Psychiater hier? Der Depp. Hau ab! Aus dem Weg! Aus der Bahn, d' Katz hat Stiefel an, ich muß zum Telefon!
Nur noch rasch die Treppe runter zum Telefon. Die Treppe ist weg!
Natürlich!
Also alles retour. Wieder vorbei an allen. Wortlos. Kurzer Kniefall, ich küsse seinen Ring am Mittelfinger so abwesend wie noch nie. Fast flüchtig.
Durch den Flur, Wohnungstür aufstoßen, Haustreppe hochstapfen, durch die Haustüre, oben scharf linksabbiegen, Schotterrampe runterkämpfen, unten im Abrutschen eine Biegung nach links beschreiben, dabei Gleichgewicht halten, vor der zweiten Türe zum Stehen kommen. Schlüssel vergessen, scheiße!
Das Ganze zurück, noch einmal vorbei an allen, Schlüssel holen, wieder zurückzurück, an allen vorbei, unten ankommen, aufschließen.

Da steht das Telefon!
Zu allem entschlossen wähle ich.
„Bleicher Verlag, Thomas Bleicher, guten Tag!"

Ich werde es ihm jetzt sagen, jetzt, unmittelbar, von Mann zu Mann, daß er dieses Buchmanuskript nicht haben kann. Es geht nicht. Unter solchen Umständen

kann kein Mensch ein Buch schreiben. Ich baue um! Er wird es einsehen. Wenn nicht, auch egal: Ich schreibe dieses Buch nicht. Basta! Diesmal setze ich mich durch! Mein Psychiater wird staunen!
Der Depp.

*Schwäbischer Automechaniker über sächsischen Kunden:
„Hilf' deinem Bruder, solange er noch nicht durchblickt!"*

*Von Johann Sebastian Bach zum Mega-Rap:
„Ich bin der Trendmann!"*

Thema auf dem Euro-Gipfel-Zipfel:
„Vom Rückgrat der deutschen Maus zur einheitlichen Wandgummistärke des Eurogummis."

Immer wieder sonntags kommt die Erinnerung:
Ans Fundamt für peinliche Verluste.

Schwäbische Maultasche auf französisch: Le Sac de la Gosch. Wie klingt denn des? Des schmeckt doch nemme!"

HIER SPRICHT DER AUTOR

Lieber Leser, geschätzte Leserin!
Seit ich umgebaut habe, hat sich nicht nur mein Leben verändert: Auch meine Biographie.
Seither zählen nur noch zwei Daten in meinem Dasein:

Oktober 1992: Papa schenkt mir eine kleine Altbauwohnung.
Juli 1995: Alles ist fertig. Inclusive mir.

Meine alte Biographie indes liegt darnieder wie ein gebrochener Hammer. Ein toter Spachtel.

Bühne

1982-1985	Verschiedene Kabarett-Formationen
1985	Premiere des ersten Soloprogrammes
1985-1986	Privater Schauspielunterricht
1987	Zweites Soloprogramm
1989	Soloprogramm »KEIN VOLK, EIN TEIG, EIN RÜHRER«
1992	Soloprogramm »GEMEIN SIND WIR STARK«
1996	Soloprogramm »TAUSENDUNDEINER LACHT«

Hörfunk

ab 1989	Ständige kabarettistische Szenen für SWF 3, später SWF 1
ab 1990	Satiren und Texte für Rias Berlin, WDR, NDR
ab 1995	Ständige Glosse bei »Blitzableiter«, SDR 1
ab 1995	»Termin bei Zahnarzt Dr. Sonntag«, Kabarettserie für SDR 3 und WDR 2

Fernsehen

ab 1990	Fernsehauftritte für SDR, SWF, SFB, WDR, Pro 7, 3sat, ZDF, Arte
seit 1994	Kabarettszenen im Auftrag der ZDF-Europaredaktion Brüssel
1995	Sologast bei Dieter Hildebrandts »Scheibenwischer«, ARD
1996	Sologast bei »Verstehen Sie Spaß«, ARD

Veröffentlichungen

1992	»Ein Sonntag im Staatlichen Fundamt für peinliche Verluste«, Bleicher Verlag (4. Auflage)
1995	»Fundamt, Biberle und Co.«, CD-Live-Mitschnitt, Merkton, Baden-Baden
1995	»Hammer und Spachtel«, Kleine Handwerkerfibel, Bleicher Verlag (2. Auflage)
1996	»Fauschd uff schwäbisch«, Eichborn Verlag
1997	CD: »Termin bei Zahnarzt Dr. Sonntag«, 040-Tonproduktion Hamburg

Journalismus

1984-1985	Freie journalistische Tätigkeit bei der Waiblinger Kreiszeitung
1985-1986	Freier Journalist: Süddeutsche Zeitung/ Freisinger Neueste Nachrichten
ab 1985	Freier Mitarbeiter beim Umweltmagazin »natur«
1986-1987	Öko-Reportagen für Radio Bremen und den SDR
1988-1989	Freie Mitarbeit bei Rias Berlin, Umweltmagazin »Chancen«
1989	Satiren für die Zeitschrift »natur«
ab 1990	Vereinzelte Auslands- und Ökoreportagen

Hamm Sie überhaupt Abitur?

Mai 1982	Ja! (Staufergymnasium Waiblingen)
1983-1987	Studium der Landschaftsplanung an der TU München
1987-1991	Weiterstudium an der TU Berlin
1992	Diplom

Die Presse urteilt über seine Live-Auftritte:

„Bei dem jungen Multitalent ... bekommt die Biederkeit des Schwäbischen eine geniale Dimension."
Südkurier, Konstanz

„... mittels virtuoser schwäbischer Sprachverballhornung und brillanten Improvisationen hat Sonntag die Bajuwaren rechtzeitig auf seine Seite gezogen."
Münchner Abendzeitung

„Sonntag hat ... sprachlich-hintersinnige Experimentierfreude, schauspielerische Gewandtheit und satirische Treffsicherheit."
Rhein-Zeitung, Koblenz

„Wortgewaltiger Schwabe ... hochaktuell ... am ehesten vergleichbar mit Dieter Hildebrand ... geistiger Nachfahre, aber mit ganz und gar eigenem Kopf, wortgewandt, schnippisch und witzig, jedoch mit stets ernstem Hintergrund."
Donaukurier, Ingolstadt

„...bürgt für kabarettistischen Witz erster Güte ... Christoph Sonntag ist ein Chaos-Kabarettist. Einer von der liebenswerten Sorte, die nicht nur bissige Polit-Satiren abliefern, sondern auch irrsinnig komisch sein können ... "
Hockenheimer Tageszeitung

„Mit Geige, schwäbischen Wortkaskaden und entwaffnender Logik nahm Christoph Sonntag das Publikum im Lachsturm." *Schwarzwälder Bote*

„Wahnwitzig."
Süddeutsche Zeitung

„Die Szenen spielt er wie im Schlaf, traumwandlerisch sicher und perfekt bis ins Detail"
Nagolder Anzeiger